国家出版基金项目
国家重大出版工程项目
"十二五"国家重点图书

中国古建筑丛书

宁夏古建筑

王军 燕宁娜 刘伟 编著

中国建筑工业出版社

审图号：GS（2015）2780号

图书在版编目（CIP）数据

宁夏古建筑/王军，燕宁娜，刘伟编著.—北京：中国建筑工业出版社，2015.12

（中国古建筑丛书）

ISBN 978-7-112-18824-6

Ⅰ.①宁… Ⅱ.①王… ②燕… ③刘… Ⅲ.①古建筑–介绍–宁夏 Ⅳ.①K928.71

中国版本图书馆CIP数据核字（2015）第297733号

责任编辑：唐 旭 李东禧 杨 晓 吴 绫
书籍设计：康 羽
责任校对：李美娜 赵 颖

中国古建筑丛书

宁夏古建筑

王军 燕宁娜 刘伟 编著

*

中国建筑工业出版社出版、发行（北京西郊百万庄）

各地新华书店、建筑书店经销

北京锋尚制版有限公司制版

北京顺诚彩色印刷有限公司印刷

*

开本：880×1230毫米 1/16 印张：14½ 字数：386千字

2015年12月第一版 2015年12月第一次印刷

定价：288.00元

ISBN 978-7-112-18824-6

（25833）

版权所有 翻印必究

如有印装质量问题，可寄本社退换

（邮政编码100037）

《中国古建筑丛书》总编委会

总顾问委员会：

罗哲文　张锦秋　傅熹年　单霁翔　郑时龄

总编辑委员会：

主　　任：吴良镛　周干峙
副 主 任：沈元勤　陆元鼎
总 主 编：陆　琦　戴志坚
委　　员（按姓氏笔画排序）：

丁　垚　王　军　王　南　王金平　王海松　左满常　朱永春
刘　甦　李　群　李东禧　李晓峰　李乾朗　杨大禹　杨新平
吴　昊　张玉坤　张兴国　张鹏举　陆　琦　陈　琦　陈　颖
陈　蔚　陈伯超　陈顺祥　范霄鹏　罗德启　柳　肃　胡永旭
姚　赯　徐　强　徐宗威　翁　萌　高宜生　唐　旭　黄　浩
谢小英　雍振华　蔡　晴　谭刚毅　燕宁娜　戴志坚

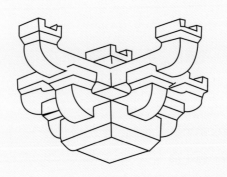

《宁夏古建筑》

王 军　燕宁娜　刘 伟　编著
顾问委员会：卫 忠　吴忠礼
编辑委员会：赵振炜　李 钰　马建军　马彩霞　靳亦冰　薛正昌　孟祥武
　　　　　　　何新宇　李晓玲　杨宁国
审 稿 人：刘临安

总 序

中国历史悠久，地大物博，人口众多，是一个多民族的国家，文化遗产极为丰富。中国古建筑是世界建筑史上的四大体系之一，五千年来，光辉灿烂，独特发展，一脉相传，自成体系。在建筑历史发展过程中，从来都没有中断过，因而，积累了大量的极为丰富的优秀建筑文化遗产。中国古代建筑的实践经验、创作理论、工艺技术和艺术精华值得总结、传承和发扬。

中国古代建筑具有强大的生命力，首先是独特的地理环境。中国位于亚洲东方，北部有长白山、乌苏里江高山河流阻挡，西有天山、喀喇昆仑山脉和沙漠横贯，西南有喜马拉雅山脉，东南则沿海，形成封闭与外界隔绝的地域，加上地处热带、温带和寒带，宽阔的地理和悬殊的气候，促进建筑与环境的巧妙和谐结合。

其次，独特的民族性格。中国是以汉族为主的多民族所组成。以中原文化为主的汉族人民团结、凝聚着居住和生活在各地的少数民族。由于各民族的历史、文化、宗教信仰、生活习俗与审美爱好的不同，以及他们所处地区的自然条件和地理环境的差异，长期的劳动实践，形成了各民族独特的性格和绚丽灿烂的建筑风貌。

其三，文化的独特体系。中国文化是以黄河流域中原文化为中心，周围有燕赵文化、晋文化、齐鲁文化、吴越文化、楚文化、秦文化和巴蜀文化所烘托，具有历史渊源长久、人类智慧集中、思想资源丰富的特点。中国传统文化思想的集中表现是以儒学、道学为代表，其后，佛教的传入与中国传统文化的结合，形成以儒学为主的儒、道、释三者合一的中国传统文化思想。归纳起来，就是天人合一的宇宙观念，以人为本、和为贵的人文思想，整体直觉的思维方式，真善美相结合的美学观念。

封闭而独特的地理环境，团结凝聚而又富于创造的民族性格，以儒学为主的文化独特体系，创造了中华民族的雄伟壮丽的建筑工程。长期的经验积累，独树一帜，虽经战争的炮火，民族之间的斗争与融合，外来文化之传入及本土化，但中华民族建筑始终一脉相传，傲然生存下来，顽强发展，独树一帜而不倒，在世界建筑史发展中是罕见的、独有的。

中国古代建筑发展经历了原始社会、奴隶社会和封建社会三个历史阶段。

旧石器时代，原始人群利用天然崖洞作为居住场所。南方湿热多雨，虫害兽多，出现巢居。1973年，在浙江余姚河姆渡村发现大约建于6000~7000多年前的、长约23米、进深约8米的木构架建筑遗址，推测是一座长方形、体量相当大的干阑式建筑，这是我国最早采用榫卯技术构筑房屋的一个实例。

原始社会晚期，黄河流域有广阔而丰厚的黄土层，土质均匀，含有石灰质。黄河中游的氏族部落，在利用黄土层作为壁体的土穴上，用木架和草泥建造简单的穴居，逐步发展到浅穴居，再到地面上的房屋，形成聚落。

奴隶社会，夯土技术逐步成熟，宫室建于高大的夯土台上，木构建筑逐步成为中国古代建筑的主要结构方式。等级制度出现。工程管理有了专职的"司空"，以后各朝代沿袭发展成为中国特有的工官制度。

封建社会初期，高台建筑盛行，修建了长城、驰道和水利工程。东汉时代，建筑中已大量使用成组的斗栱，木构楼阁增多，城市和建筑类型扩充，中国古代独特的木构建筑体系基本形成。

两晋南北朝是我国历史上充满着民族斗争和民族融合的时期，佛教的传入，宗教建筑大量兴建，高大的寺庙、壮丽的塔幢，石窟中精美的雕塑和壁画，这是我国古建筑吸收外来文化使之本土化的创造时期。

隋、唐统一全国，开凿贯通南北的大运河，促进了我国南北物资和文化的交流和发展。唐代的长安、洛阳成为世界上最大的城市。木构建筑的宫殿、楼阁和石窟、塔、桥，无论布局或造型都具有较高艺术和技术水平，唐代建筑已发展到成熟的阶段。

宋、辽、金时期，南方在经济和文化方面居于先进地位。由于手工业分工更加细致，国内商业和国际贸易活跃，城市逐渐开放，改变了汉以来历代都城采用的封闭式里坊制度，形成沿街设店的方式。建筑的设计和施工达到一定程度的规格化、制度化，公元12世纪初在总结经验的基础上编写了《营造法式》这一部重要文献。

元代大都建立，喇嘛教和伊斯兰教建筑影响到各地。明、清时期官式建筑已经达到完全程式化、定型化阶段。明代后期出现资本主义萌芽，清代在城市规划上、建筑群体布局和建筑艺术形象上有所发展，例如北京城、故宫、天坛等。民居、园林和民族建筑遍布各地，呈现一片繁荣景象。

中国古建筑有明显的特征。在城市规划上，严谨规整、对称宏伟，表现出庄重威武的中华民族性格。单体建筑中，雄伟的飞檐屋宇、大红的排列柱廊、高大的汉白玉台基，呈现出崇高壮丽又稳定的形象。黄河流域盛产的木材资源，形成了中国古建筑木构架体系的特色。室外装饰的富丽堂皇、金碧辉煌，室内陈设装修的华丽多样、细腻雕饰，体现了中国古建筑绚丽多彩的民族风格。

聚居建筑方面，包含民居、祠堂、家庙、书院等遍布全国各地，它们与人民生活息息相关。各地各族人民根据自己的生活习俗、生产需要、经济能力、民族爱好和审美观念，结合本地的自然条件和材料，因地制宜、因材致用地进行设计与营造。他们既是设计者，又是营建者、使用者，可以说设计、施工、使用三位一体，因而，这种建造方式所形成的民宅民间建筑，既实用简朴，又经久美观，并富有民族风格和地方特色。

中国古园林的特征。以自然山水即中国山水画为蓝本，并以景区、景物和建筑、山水、花木为构件，由景生情，产生意境联想，达到艺术感受。皇家园林因其规模大、范围广，其园林布局自秦、汉时期的一池三岛，到唐、宋以山水画为蓝本，明、清仍沿袭池中置岛古制，但采用人工造山置水的方法。

明、清私家园林因属民间，士大夫文人常在宅后设园休闲宴客，吟诗享乐，其特点是以最小的场所造成无限的景色为目的。因其规模小，常以叠石或池水为主，峰峦洞壑、峭壁危径或曲径通幽取胜。在情景中则采用巧于因借、精在体宜的手法。

我国是一个人口众多的多民族国家。相传秦汉以前，中华大地上主要生存着华夏、东夷、苗蛮三大文化集团，经过连年不断的战争，最终华夏集团取得了胜利，上古三大文化集团基本融为一体，历史上称为华夏族。春秋、战国时期，东南地区古老的部族称为"越"，逐渐为华夏族所兼并而融入华夏族之中。秦统一各国后，到汉代都用汉人、汉民这个称呼，直到隋、唐，汉族这个名称才固定下来。

由于各民族的历史文化、宗教信仰、生活生产、习俗性格的不同，又由于各族人民所处地区的自然条件和环境的不同，导致他们各自产生了富有特色的建筑和民宅，如宏伟壮丽的藏族布达拉宫，遍布各族聚居地的寺院庙宇、寨堡围村、楼阁宅居，反映了绮丽多彩的民族风貌。

中国传统文化渗透了中国古建筑，中国古建筑深刻地体现了中国文化。

新中国成立后，作为全国性有领导有组织地编写中国古代建筑史，第一次是1959年，由原建筑科学研究院组织"编写三史"开始。当时集中了全国高等院校、科研部门分工编写，1962年由中国工业出版社出版《中国建筑简史》第一册（古代部分）。随后，又组织有关院校、文化、历史、考古等单位对古代建筑史有研究的人员，经多次修改，由刘敦桢教授执笔主编的《中国古代建筑史》，于1966年完成。由于"文化大革命"，未能出版，1980年才由中国建筑工业出版社正式出版。作为高等院校的中国建筑史教材则由全国高校教师编写，参考了上述专著，由中国建筑工业出版社1982年出版。

作为系统的、全面的、编写中国古建筑丛书是从1984年开始，当时作为《中国美术全集》中的一个门类——建筑艺术，称为《中国美术全集·建筑艺术编》，共6辑，包含宫殿、坛庙、陵墓、宗教建筑、民居、园林，1988年完成出版。

第二次编写从1992年开始，编写的原因是《中国美术全集·建筑艺术编》6辑出版后，各界反映良好，但感到篇幅不够，它与我国极为丰富的建筑文化遗产大国不相适应。于是，再次组织编写《中国建筑艺术全集》丛书30辑，其中古建筑24辑，近现代建筑6辑。古建筑部分仍按类型编写。该丛书中的24辑于1999年5月出版。

由于这两次丛书都是全国性编写，按类型写，又着重在艺术，因此，一些地方特色和民族特色的、中型的优秀古建筑就难于入选。为了弘扬和传承优秀传统建筑文化体系，总结经验和规律，保护我国优秀传统建筑文化遗产，因此，全面地、系统地、按省（区）来编写古建筑丛书是非常必要的、合时宜的。

本丛书编写的主要特点是：其一，强调本省（区）古建筑的民族特色和地方特色；其二，编写不限于建筑艺术，而是对本省（区）古建筑的全面叙述，着重在成就、价值、特色、技术和经验、规律等各个方面，这是我国民族和地区的资料比较全面和丰富的传统建筑文化丛书。

陆元鼎
2015年1月10日

前 言

宁夏回族自治区是我国五个省级少数民族自治地方之一，也是我国国土面积最小的省份之一。宁夏虽小，然而宁夏地小物博，山河壮美。地处古代北方游牧民族和南部农耕民族过渡地带的宁夏地域，又是东部华夏民族和西部少数民族文化交融之地。宁夏有古老的黄河文明，神秘的西夏文化，又有着浓郁的回乡风情。

自秦汉时期宁夏先民就兴修水利，引黄灌溉，开创了天下黄河富宁夏的奇迹，创建了两千年来的塞北江南。宁夏历史上曾有党项英杰元昊，统领西北诸部立国西夏，与当时宋、辽、金并雄长达两百年。及至成吉思汗铁骑横扫，元灭西夏，夏地安宁，宁夏名称由此而来。宁夏地貌，北有贺兰山，南有六盘山，中部银川平原，受黄河滋养稻香果甜。宁夏这一独特的历史、地理环境，造就了宁夏地区色彩斑斓的古代建筑文化，成为光辉灿烂的中华民族古代建筑文化的重要组成部分。

宁夏又是我国重要的回族聚居地，也是我国唯一的省级回族自治区。由自然、经济和社会历史因素长期影响的结果，浓郁的回乡人文气息成为宁夏地区文化的重要特征之一。在漫长的历史发展过程中，回族人民塑造了大量精美的伊斯兰宗教建筑和形态各异的居住建筑。这些建筑包括清真寺、拱北、教经堂及道堂等类型，其中最重要、数量也最多的是清真寺。宁夏伊斯兰建筑的风格形成与回族的形成一样，是随着伊斯兰教的传入在与中国传统文化和谐共处、长期融合下，实现了多样文化的完美统一。这些伊斯兰建筑蕴藏着宁夏地区回、汉人民丰富的历史信息和厚重的文化内涵。

宁夏古建筑时间跨度从3万年前的旧石器时代晚期到清末，类型包括原始人的穴居、窑居、古城、古堡、石窟、古塔、寺庙等，以及被誉为"东方金字塔"的西夏陵墓建筑。宁夏素有"地上长城博物馆"之美誉，境内现存长城遗迹、遗存丰富，种类繁多，时间跨度长，可见墙体近千公里，辅助设施2000多个。

本书是宁夏古建筑的初步研究成果，对于博大精深的宁夏古建筑，仅仅进行了条理性梳理，以建筑实录的形式，对各个时期重要建筑实物和一些已发现的重要建筑遗址实际情况进行叙述。对于重要的历史考证、建造技艺研究、文化内涵的发掘及建筑评论都留待在后续的研究专著中展示。

较之于全国的古建筑，宁夏古建筑既存在共性，也存在地域性差异。故此本书章节即遵循《中国古建筑丛书》总编的统一安排，又顾及到宁夏的地域性。本书各章节涉及到的建筑类型有：古城与村落、长城与堡寨、寺庙宫观、古塔、伊斯兰教建筑、钟鼓楼、陵墓等。

对于宁夏地区古建筑的研究，前辈学者已从不同视角作了多方面的探索研究，如早期有刘致平先生专著《中国伊斯兰教建筑》涉及到宁夏清真寺、拱北，近年来又有众多硕士、博士论文涉及到宁夏地域建筑的研究。本书编著者之一王军教授，自幼生长在银川，怀着对宁夏的情缘，长期以来从事西北人居环境与传统建筑的研究，指导了多名硕士、博士研究生以宁夏地域建筑为选题的研究论文，多年来深入宁夏各市县展开传统建筑的调研与测绘，出版了专著《西北民居》。编著者之一燕宁娜博士，从其硕士论文到博士论文，研究方向始终锁定在宁夏传统建筑与宁夏人居环境的研究上，并出版了专著《宁夏清真寺建筑研究》、《宁夏西海固回族聚落营建及发展策略研究》。编著者之一刘伟研究员，多年来从事回族地方史、回族建筑和回族文化遗产方面的研究，出版了《宁夏回族历史与文化》、《回族雕刻艺术》、《宁夏回族建筑艺术》、《宁夏清真寺概览》、《宁夏回商》等学术著作十余部。编者们前期的研究基础为本书的撰写积累了大量一手资料。

书中史料来源，早期的实例主要依据考古学的贡献，有些实例也参考了近几年国内主要期刊上发表的论文，参考资料在每一章节后均已注明。后期的实测、照片则主要是编写组成员实地调查的成果。尽管我们在调查中足迹已经遍及宁夏的所有市县，但由于种种原因，仍旧难免有疏漏；书中错漏和不当之处，恳请专家和读者给予指正。

编者
2015年10月14日

目 录

总 序

前 言

第一章 绪 论
第一节 宁夏自然环境 / ○○二
  一、地理环境 / ○○二
  二、气候条件 / ○○三
第二节 宁夏历史与文化 / ○○四
  一、历史沿革 / ○○四
  二、文化特性 / ○○五
  三、回族的形成与发展 / ○○六
  四、西夏历史与文化 / ○○七
第三节 宁夏古建筑发展历史与特征 / ○○九
  一、石器时代 / ○○九
  二、先秦两汉时期 / ○○九
  三、南北朝至宋、西夏时期 / ○一○
  四、元明清时期 / ○一一
第四节 宁夏古建筑现状 / ○一三
  一、古建筑的分布与分类 / ○一三
  二、古建筑的价值 / ○一三

第二章 古城与村落
第一节 概述 / ○一九
  一、先秦时期 / ○一九
  二、秦汉时期 / ○一九
  三、魏晋南北朝时期 / ○二○
  四、隋唐时期 / ○二○
  五、宋夏元时期 / ○二一
  六、明清时期 / ○二一
第二节 古城 / ○二三
  一、固原古城（汉至清）/ ○二三
  二、韦州古城（西夏、明）/ ○二四
  三、黄铎堡古城（宋、西夏）/ ○二六
  四、大营古城（宋至明）/ ○二七
  五、瓦亭古城（汉至宋）/ ○二七
  六、省嵬城（西夏）/ ○二八
  七、凤凰古城（宋）/ ○二九
  八、西安州古城（西夏至明）/ ○三○
  九、柳州古城（宋至明）/ ○三四
  十、开城遗址（元）/ ○三五
  十一、灵武城墙（明）/ ○三六
第三节 古村落 / ○三七
  一、南长滩古村落 / ○三八

二、单家集古村落 / 〇三九
三、北长滩古村落 / 〇三九
第四节　府第及民居 / 〇四〇
一、董府 / 〇四一
二、马月坡寨子 / 〇四四

第三章　长城与堡寨
第一节　长城 / 〇五一
一、战国秦长城（公元前306～前251年） / 〇五四
二、汉长城 / 〇五五
三、隋长城 / 〇五五
四、明长城 / 〇五六
第二节　军事堡寨 / 〇六二
一、镇北堡 / 〇六二
二、红山堡 / 〇六三
三、横城堡 / 〇六六
第三节　民间堡寨 / 〇六六
一、洪岗子堡子 / 〇六七
二、九彩坪堡 / 〇六八
三、王团北堡子 / 〇六九

第四章　寺庙宫观
第一节　概述 / 〇七五
第二节　佛教寺庙 / 〇七六
一、海宝塔寺 / 〇七六
二、承天寺 / 〇七八
三、中卫高庙 / 〇七九
四、北武当庙 / 〇八二
五、马鞍山甘露寺 / 〇八七
六、牛首山寺庙群 / 〇九二
七、滚钟口寺庙群 / 〇九五
八、地藏寺 / 〇九八
第三节　道教宫观 / 一〇〇
一、银川玉皇阁 / 一〇〇
二、平罗玉皇阁 / 一〇二
三、灵武高庙 / 一〇五
四、雷祖庙 / 一〇八
第四节　石窟 / 一〇九
一、须弥山石窟 / 一一〇
二、石空寺石窟 / 一一二
三、无量山石窟 / 一一三
四、灵应山石窟 / 一一三
五、火石寨石窟 / 一一五

六、天都山石窟 / 一一五
七、石窑寺石窟 / 一一六
第五节 古塔 / 一一六
一、海宝塔 / 一一六
二、拜寺口双塔 / 一一八
三、一百零八塔 / 一二〇
四、承天寺塔 / 一二二
五、鸣沙州塔 / 一二三
六、镇河塔 / 一二五
七、康济寺塔 / 一二六
八、宏佛塔 / 一二七
九、璎珞宝塔 / 一二九
十、多宝塔 / 一三一
十一、田州塔 / 一三一
十二、华严塔 / 一三四

第五章 伊斯兰教建筑

第一节 概述 / 一三九
一、伊斯兰教建筑的历史沿革 / 一三九
二、宁夏伊斯兰教建筑 / 一四〇
第二节 清真寺建筑 / 一四一
一、清真寺建筑综述 / 一四一

二、同心清真大寺 / 一四五
三、纳家户清真寺 / 一四八
四、望远清真寺 / 一五一
五、银川清真中寺 / 一五五
六、王团南大寺 / 一五六
七、余羊清真寺 / 一五六
第三节 拱北建筑 / 一五八
一、拱北建筑综述 / 一五八
二、拱北建筑空间艺术特征 / 一五八
三、二十里铺拱北 / 一五九
四、九彩坪拱北 / 一六二
五、马化龙拱北 / 一六二
第四节 道堂建筑 / 一六五
一、板桥道堂 / 一六五
二、九彩坪道堂 / 一六七
三、通贵门宦道堂 / 一六七

第六章 其他

第一节 钟鼓楼 / 一七三
一、银川鼓楼 / 一七三
二、平罗钟鼓楼 / 一七四
三、中卫鼓楼 / 一七四

四、银川南门楼 / 一七七
五、银川文昌阁 / 一七七
六、固原文澜阁 / 一七九
七、固原城隍庙 / 一七九
八、固原财神楼 / 一七九
第二节 陵墓 / 一八一
一、西夏陵 / 一八一
二、明王陵 / 一八四
三、兵沟汉墓 / 一八四
第三节 官邸 / 一八四

第七章 地方营造与建筑装饰特征
第一节 地方营造 / 一八八
一、减柱、移柱造 / 一八八
二、抬梁式梁架的特殊做法 / 一八八
三、特殊的檐下做法 / 一八九

四、丰富的屋顶形式及其特点 / 一九二
第二节 建筑装饰 / 一九五
一、木雕 / 一九五
二、砖雕 / 一九八
三、石雕 / 二〇三
四、泥塑 / 二〇四
五、彩饰 / 二〇五

宁夏古建筑地点及年代索引 / 二〇七

参考文献 / 二一一

后记 / 二一三

作者简介 / 二一五

宁夏古建筑

第一章 绪论

第一节 宁夏自然环境

一、地理环境

宁夏回族自治区位于祖国的西北内陆，北、西北、东北与内蒙古相连，南、西南、东南与甘肃省接壤，东与陕西省毗邻，地理坐标：东经104°17′~107°39′，北纬35°14′~39°23′。宁夏土地面积6.64万平方公里，地形为两头尖、中间大，东西最宽处约250公里，南北长约456公里，是全国面积最小的省（自治区）之一。现自治区辖5个地级市、2个县级市和11个县。

宁夏地处中国东部季风区、西北干旱区和青藏高原区三大自然区域的交会地带。这种特殊的地理位置，使得宁夏的自然环境具有显著的过渡性、复杂性和不均衡性。同时处于地貌三大阶梯中一、二级阶梯过渡地带，地形南北狭长，地势南高北低，地表形态复杂多样，境内有较为高峻的山地和广泛分布的丘陵，也有经黄河冲积而成的冲积平原。自北向南依次为贺兰山脉、宁夏平原、鄂尔多斯高原、黄土高原、六盘山地等。

宁夏北部，是辽阔的银川平原，黄河由西南向东北斜贯全境，腾格里沙漠、毛乌素沙漠、乌兰布和沙漠从西、北、东三面包围着这块绿洲，面积广阔、地势平坦，沿黄河两岸是几百万亩肥沃土地的引黄灌区，素有"塞上江南"之称。古灵州、西夏时期的兴庆府等重要城池皆选址于此（图1-1-1）。

宁夏南部山区，位于黄土高原的西北边缘，海拔在1500~2000米之间，地貌以黄土覆盖的丘陵沟壑区为主。清水河从北到南纵贯全境，土层深厚、土质肥沃，是我国早期农业和古代文明的孕育地之一。六盘山主峰以南，流水切割作用显著，地势起伏较大，山高沟深。六盘山以北地区，由于降

图1-1-1 宁夏平原地形地貌

水少，流水对地表的切割作用较小，除少数凸出于黄土瀚海之上、状如孤岛的山峰之外，一般为起伏不大的低丘浅谷，又被称为"宁南黄土丘陵"，相对高度在150米左右。凡有河流流过的地方，经河流的冲积，形成较宽阔的河谷山地，宜于发展农业生产，是重要的粮油产地。这里是宁夏回族的主要聚居地区，又是史称"据八郡之肩背，绾三镇之要膂"之地。宁南地区以丝绸之路重镇——原州为中心形成古文化聚集区，分布着大量石窟建筑、陵墓建筑和古代军事城堡（图1-1-2）。

二、气候条件

在中国自然区划中，宁夏跨东部季风区域和西北干旱区域，西南靠近青藏高寒区域，地势南高北低，气候南凉北暖、南湿北干。南部属黄土丘陵和六盘山地，为温带半干旱区和温带半湿润区。中部为灵盐台地、山地和山间平原，北部为平原和贺兰山地，均属温带干旱区。宁夏气候由于受地形地势、季风影响的程度不同，南北地区差异显著。气温冬寒长、夏暑短，日照时间长且太阳辐射强。区内气温日较差大，大部分地区昼夜温差可达12～15摄氏度。宁夏干旱少雨，年均降水量为300～677毫米，降水年际、年内分配极不均匀，降水量自南向北从677毫米至183毫米依次衰减，而蒸发量自南向北从1200毫米至2800毫米逐渐增加，体现出南湿北干的总体特征。

在宁夏境内自然条件不同的区域，古代劳动人民因地制宜、因材致用，创造了不同风格的建筑。宁夏北部黄河灌区由于肥沃的土地较适宜进行农业生产，原始人类从旧石器时代晚期就开始在这里定居，发展农业，成为中华远古文明的发源地之一。南部地区则生长着茂密的森林，木材就成了这里建筑材料的主要来源。

图1-1-2 宁夏南部地形地貌

第二节 宁夏历史与文化

一、历史沿革[①]

宁夏历史久远，北部的灵武市水洞沟和南部的彭阳县香炉嘴等地旧石器时代晚期文化遗址的发现（图1-2-1），表明远在3万年前宁夏境内就已有人类活动。进入新石器时代，宁夏北部地区普遍分布着以细小打制石器为特征的草原游牧文化，南部除具有地域特征明显的菜园文化以外，还有仰韶文化、马家窑文化和齐家文化的分布。

从殷商到周，北方游牧民族土方族，西方的戎、羌、北狄中的猃狁、义渠戎等民族都曾在宁夏活动。春秋、战国时期，"西戎八国"中的朐衍、乌氏、义渠戎聚居于宁夏北部和南部。秦昭襄王三十五年（公元前272年），秦灭义渠，"筑长城以拒胡"，宁夏南部纳入秦国版图。秦代，宁夏属北地郡，境内分设乌氏、朝那、富平等县。

汉代，宁夏分属安定郡、北地郡，设有灵州、富平、朐衍、廉县、朝那、高平、乌氏、朐卷、三水等县，驻兵屯田，成为防御匈奴南进的重要基地。

北魏时宁夏南北分设原州（高平镇）和灵州（薄骨律镇）两镇。唐时分全国为十道，宁夏属关内道，设有原州和灵州，下辖高平、百泉、萧关、回乐、弘静、怀远、鸣沙等县。

北宋宝元元年（1038年），党项族首领元昊在宁夏建立大夏国，历史上称为西夏。西夏以兴庆府（今银川市）为国都。除南部为宋、金的镇戎州外，全为西夏所据。

南宋宝庆三年（1227年）西夏为蒙古国所灭，至元二十五年（1288年）设宁夏路总管府，下设灵州、鸣沙、应理等州，于是始有"宁夏"之称。

明代设宁夏镇、固原州，同是"九边重镇"。

清代为宁夏府。民国初年改为朔方道。

1929年成立宁夏省。1949年9月23日宁夏解放。1954年10月，宁夏省撤销并入甘肃省。1958年10月25日，宁夏回族自治区成立。

图1-2-1 宁夏灵武水洞沟石器时代遗址

(据《丝绸之路》绘)

图1-2-2 丝绸之路上的固原（来源：薛正昌著《宁夏历史文化地理》）

二、文化特性

宁夏地区具有悠久的历史文化，早在3万年前的旧石器时代晚期，人类就开始在宁夏这块土地上繁衍生息。灵武市水洞沟发现的旧石器时代晚期人类活动的遗址和遗物，表明宁夏是中华民族远古文明的发祥地之一。②

宁夏地处北方草原与黄土高原、游牧文化与农耕文化的过渡地带，又是东部华夏民族和西部少数民族接壤的地区，这一独特的地理位置，形成了宁夏古代文化多样性和兼容性的特点。历史上的宁夏地区一直是众多民族交往、流动和定居驻牧的地区，是北方游牧民族与中原农耕民族相互联系和交往的地区，各个民族对于宁夏地区的开发和建设都做出过自己的贡献。草原文化和农耕文化在这一地区碰撞、交流，互相吸收和补充，形成了具有鲜明特色的多元文化结构，留下了丰富的历史文化遗迹。

宁夏地区文化赖以生存的自然地理环境是比较特殊的。南部的六盘山和北部的贺兰山是宁夏境内主要山脉，两山南北贯通，成了关中西越宁夏的一道屏障。南部固原正处于黄土高原的边缘，与关中相衔接，是丝绸之路沿边的重要都会；北部宁夏平原与蒙古高原边缘的鄂尔多斯台地相接。黄河穿宁夏平原而过，西高东低便于黄河水自流灌溉，形成了阡陌相连的塞上江南气象，造就了独特的"天下黄河富宁夏"的自然格局。③在这样一个地理空间里，宁夏平原黄河灌溉区基本属于传统农业区；南部属半农半牧区。著名的丝绸之路穿宁夏南北而过（图1-2-2），不但浸润了原州、灵州这样的历史名城，而且将中西文化相结合的文化结晶留在了境内沿线。1983年出土于固原市原州区南郊乡深沟村李贤夫妇合葬墓中的北周天和四年（公元前569年）鎏金银壶就是通过丝绸之路流传到我国的中亚风格的稀世珍宝（图1-2-3）。六盘山以东的庆阳，是周祖文化的发祥地；六盘山以南的陕西宝鸡，是神农炎帝的发祥地，也是周文化形成和发展的地方；

六盘山以西的天水，是伏羲文化的发祥地。固原正处在这三大文化板块融汇并向北延伸的边缘。因此，早期地域意义上的周祖文化、神农炎帝文化、伏羲文化对宁夏（尤其是南部固原）历史文化的生成有着直接而深远的影响。

三、回族的形成与发展

宁夏全区总人口为630万人，汉族人口占64.58%，少数民族人口占35.42%，其中回族人口占34.77%，占全国回族人口的20%。宁夏南部地区是中国回族聚居最为集中的区域，宁夏全区95%的乡和全部市镇都有回族人口，其中同心县比重最高，达90%，其次为泾源、海原、利通区、西吉，均超过50%。这种分布格局，是自然、经济和社会历史因素长期影响的结果。浓郁的回乡人文气息成为宁夏地区文化的重要特征之一。在漫长的历史发展过程中，回族人民塑造了大量精美的伊斯兰宗教建筑和形态各异的居住建筑。

早在唐、宋、西夏时期，宁夏地区就有大食、波斯及西域各国信仰伊斯兰教的回回先民的足迹。唐末，甘肃张掖、武威及宁夏灵武已有回族先民居住，"终唐之世，唯甘、凉、灵州有回族"。[④]西夏国曾建都于宁夏（1038～1227年），称兴庆府，又称中兴府，《甘青宁史略》记载："其散处碛西者，皆服属于蒙古。"[⑤]有学者认为，"唐兀（西夏）地方在未被元人征服之先已有回回的存在。"[⑥]固原南郊隋唐墓地出土的蓝色宝石印章上的文字被学者认为是古波斯文，意为"自由、繁荣、幸福"，从而证明了回回先民在固原地区的早期活动。

元代，在蒙古军队的三次西征过程中，大批被征服的中亚、西亚穆斯林被编为"探马赤军"，留在西北地区驻屯，随之又成为本地居民，从而使作为"探马赤军"的"回回军"成了宁夏回族人口的重要起源。"当时定居于宁夏的'回回军'有5万～7万人，加上他们的亲属共10万人左右，多数居住在黄河两岸至六盘山麓条件较好的地区内。"[⑦]《明史撒马儿罕传》记载："元时回回遍天下，居陕、甘、宁者尤众。"做过陕西平章政事的纳速剌丁是元代回族著名的政治家赛典赤·赡思丁的长子，他"子孙甚多，分为纳、速、剌、丁四姓，居留各省，故宁夏有纳家户，长安有剌（拉）家村，今宁夏纳氏最盛"（图1-2-4）。

图1-2-3　固原出土北周鎏金银壶

图1-2-4　宁夏永宁纳家户清真寺

图1-2-5　宁夏回族

图1-2-6　西夏疆域图（来源：史金波等编著《西夏文物》）

明代，回族演化为一个民族共同体，除元朝归明的部分"土达"（皈依伊斯兰教的蒙古人）外，朱元璋义子——明朝开国将领黔宁王沐英被钦赐武延川（西海固地区的西吉县境内）、撒都川等地草场六处，筑城沐家营（今西吉县城一带），留兰姓、马姓等十八户回民居住，后繁衍为本地望族。[⑧]沐府所辖的今西吉县城一带回族大量繁衍，穆斯林人口增加较快。《宣统固原州志·艺文志》："……（固原）军民杂处，有回回、土达、河西西番、委兀儿、哆哩诸种族。"这里将回族人口列为第一。又根据明代《万历固原州志》载：固原城内官兵有10916名，中有"土达"1054名，基本可以推断当时固原地区回族人口已经占到相当的比例。这一时期西海固地区回族人口分布与元代相比，由原来的固原、海原、彭阳三县，发展到固原、海原、西吉三县所辖区域，同时城乡分布也发生了一些的变化，由元代的以开城为代表的州、县城内及其附近区域，转向以清真寺为中心的乡村聚落，故杨郎、黄铎堡、硝河、沐家营、李旺、驼场、兴隆、郑旗、单家集等回族村落的名字一直沿用至今。

清代是回族入居西海固地区的重要时期。清初，西北地区已经发展成为回族的主要居住区。清同治年间，清政府镇压陕西、甘肃、宁夏回民起义后，对回族群众进行强制迁徙，从而形成了今天以西海固为中心的陇东、宁夏南部山区回族聚居区（图1-2-5）。

四、西夏历史与文化

西夏是指中国历史上由党项人于1038～1227年间在中国西部建立的一个封建政权。古西夏王国的中心区域是今宁夏回族自治区，立国之初，其版图即为东踞黄河，西至玉门，南临萧关，北抵大漠，包括古夏、银、绥、宥、静、灵、盐、会、胜、甘、凉、瓜、沙、肃、洪、定、威、龙等18个州的大片土地。到西夏仁宗仁孝皇帝（1140～1193年）时，西夏的疆域达到全盛，直接统辖27个州。

唐朝中和元年（公元881年），拓跋思恭占据夏州（今陕北地区的横山县），被封为定难节度使、夏国公，世代割据相袭。1038年，李元昊建国时便以夏为国号，称"大夏"。又因其在西方，宋人称之为"西夏"。它以兴庆府（今宁夏银川市）为首都，包括今宁夏大部和内蒙古西南部、陕西北部、甘肃大部等广阔的地区（图1-2-6）。

西夏在文化上具有多元性的特征，深受汉族、吐蕃、回鹘文化的影响，并且积极吸收汉族文化与典章制度，发展儒学，弘扬佛学，形成了具有儒家典章制度的佛教王国。西夏文化深受汉文化的影响，具体表现在西夏文字、绘画、雕塑、建筑等方面（图1-2-7）。

在公元1世纪佛教东传凉州刺史部以后，该地区佛教逐渐兴盛起来，在西夏建国后开始创造自己独有的佛教艺术文化。西夏的佛教绘画艺术成就很高，石窟壁画较为突出的是敦煌莫高窟、安西榆林窟等。这一时期的石窟绘画艺术类型多样、内容丰富。艺术风格，早期受北宋影响，具有写实的特点。中期之后则融北宋艺术与回鹘壁画于一体，形成了本民族独有的壁画艺术。

西夏皇家陵园出土了大量的石刻文物，内容多样，按不同石刻素材所需，这些石雕的雕作工艺既分线刻、浮雕和圆雕，又存在多种技法交互共用者。各类石刻品精雕细琢，特别是驮负碑刻的雕像石座，人物头像丰腴饱满，形象生动，神态自若，圆浑端朴，遒劲峭硬，栩栩如生，动物体态雄健、安详，敦厚古茂，憨实可爱。有人称西夏陵区的石刻"既有唐墓石刻的沉厚的力度，又有宋陵造像的细腻和严谨，同时也不乏民族习俗的流露"。就形状规格、造型风貌而言，西夏石刻品中的雕像石碑座尤具特色，可谓独树一帜。⑨

西夏时期的古建筑及古遗迹在宁夏地区除了著名的西夏王陵外，还有石嘴山市西夏早期城址省嵬城，城址平面为方形，城墙系黄土夯筑，南墙正中开门，门外有瓮城。门道两侧有竖立的木柱，以支撑过梁式的门楼，门道内出土大量的砖、瓦、脊兽等建筑材料。城内未见砖瓦，与"夏俗皆土屋，惟有命者得以瓦覆之"⑩的记载相吻合。

北宋明道二年（1033年），元昊将兴州改为兴庆府（今宁夏银川市），作为都城，在城内大兴土木，扩建宫城，广营殿宇。兴庆府的规划布局直接受到唐长安城与北宋东京的布局的影响；城呈长方形，周十八余里，护城河阔十丈；南北各二门，东西各一门，有光化门、南薰门等，城门上建城楼；城内道路呈方格网型，街道宽阔，有崇义等二十余坊；皇家手工业作坊集中于宫城官厅；宗教活动场所有承天寺、高台寺、戒坛寺、佛祖院等；游览名胜有城西北部贺兰山的西夏避暑宫、贺兰山木栅行宫、城西快活林等。⑪石窟、窑址、离宫遗址及分布于宁夏各地的古塔，其中银川承天寺塔、贺兰宏佛塔、拜寺口双塔和方塔、青铜峡一百零八塔、同心康济寺塔等都是西夏时期经典之作，在中国古塔建筑中独树一帜。

图1-2-7　宁夏西夏文化雕塑

第三节 宁夏古建筑发展历史与特征

一、石器时代

宁夏地区史前生态环境良好，水草丰茂，禽兽繁衍。早在旧石器时代这一区域就已经有远古人类活动，并且遗存彭阳县茹河流域、岭儿沟、刘河等大批聚落遗址。新石器时代宁夏西海固地区原始农业聚落数量更多，分布区域更广，居住形态也更趋向完善（图1-3-1）。遗址考古表明，当时聚落主要聚集在河谷两侧二级阶地、山前台地之上。选址有近水之便，又可避洪水之害，且得狩猎、采摘之利，具备了"依山、傍水、面川、背风、沿等高线布局"的分布特征。这一时期的建筑主要采用靠山窑与下沉窑组合形式，既便于通风、排烟、采光，又兼顾防潮，有利于解决取土量过大的难题，显示出了古代先民对山地环境的适应与改造能力。

较有代表性的遗址是位于六盘山系向北延伸的黄土高原边缘的新石器时代海原县菜园村遗址。选址为坡度20度左右的中坡地带，面东、向阳、背风，其垂直高度距离现代聚落约80余米。遗址内房址密集，建筑大致沿等高线分布，共发现较为完整的房址5座：半地穴房址1座，穹隆顶窑洞房址2座，筒拱顶窑洞房址2座。其中，F9、F13建筑平面由居室、门洞、门道及室外场地四部分组成，F9平面为扇面形，筒拱顶，F13平面为马蹄形，穹隆顶，北壁外又开掘套窑1处。两处住房大门均朝东北方向，室内西北壁下残留红色烧烤土面。窑洞内壁先墁一层草拌泥，其上再抹一层白灰浆，室内地面有夯筑土层。

二、先秦两汉时期

先秦之前，宁夏地区人烟稀少，广袤森林间有大面积山地草原存在，主要被从事游牧活动的戎族占据，"所居无常，依随水草，地少五谷，以产牧为业"，牧业聚落稀疏，分布广泛。周朝起，南部西海固地区开始纳入中原统治者的势力范围。作为少数民族与汉民族的边界地区，汉武帝时厉行"屯田耕战"政策，于高平（今宁夏固原）设置安定郡，下辖高平、乌市、朝那、月支道等县。同时又在指定的地域内，对归顺西汉的少数民族实行区域自治的"属国"管理制度，保留其生活习俗与生产方式，延续游牧民族的文化特性。农牧并蓄的社会经济结构使得农田、草场各有所取、相得益彰。据统计，西汉元始二年西海固地区农业居民共约1.2万户，4万余人，主要集中在河流附近的川区，如清水河流域、高平川北侧沿岸等地，其聚落形态稳定而集中。森林广袤、草原肥美的区域，多为游牧民族所占据，聚落形态分散，最终形成了分散、集中兼备的特有聚落格局（图1-3-2）。

图1-3-1 隆德县出土新石器时代尖底瓶

图1-3-2 固原出土汉代陶屋

秦统一六国之后，宁夏纳入秦中央集权的版图之内，属北地郡。宁夏境内发现有多处秦代文物。泾阳县城郊果家山发现有一处面积约30万平方米的大型城址，城内有完整的排水管道以及大量几何纹空心砖和板瓦、筒瓦等。特别是其中的一件大型夔纹半瓦当，宽46.7厘米，高33.6厘米，与陕西秦兵马俑宫殿遗址所出者完全相同，应是宫殿建筑的构件。据推测，这处大型遗址可能是史籍中所记秦始皇二十七年（公元前220年）首次北巡时出鸡头山后经过的"回中宫"遗址。这一时期，由于南部六盘山区分布有大量阔叶树木，故"天水、陇西（包括六盘山地区）多林木，民以板为室屋"。[12]

宁夏北部的银川平原是我国引黄灌溉水利工程开发最早的地区之一。汉武帝击败匈奴后，便迁徙内地贫民70余万到河套地区，实行垦荒屯田，"引河及川谷以溉田"，大兴开渠引水灌溉。现在，银川平原仍发挥重要灌溉作用的秦渠、汉伯渠、汉延渠、唐徕渠等，其前身是汉代修建的光禄渠、尚书渠、御史渠，后代多次历经改建、扩建。考古学者在今宁夏的中宁、贺兰、吴忠、盐池、固原等市县均发现有汉代城址。汉代城址中还有建房用的砖、瓦以及用于城市供水、排水的井圈和圆形、五角形的陶水管。[13]汉代墓群更是遍布宁夏南北各地，其中规模较大且较为重要的有中卫张家山、中卫半截子山、中卫宣和、中宁龙坑、陶乐兵沟、贺兰暖泉、灵武临河、吴忠关马湖、固原九龙山、固原南塬、同心倒墩子等墓群。

三、南北朝至宋、西夏时期

魏晋南北朝时期，北方游牧民族政权更迭不断。这一时期，恰逢气候寒冷期，游牧民族的南下活动不仅频繁，而且民族种类繁多，最终形成了各民族的大迁徙、大融合、大混战。据西晋江统《徙戎论》论述，公元4世纪中叶以后，宁夏地区境内居住着大量的鲜卑、氐、羌等少数民族，几乎完全成为畜牧区。

隋唐时期，中央政府逐渐恢复对宁夏地区的统

图1-3-3　固原出土宋代武士砖雕

治。同时，为适应边防需要，大力发展骑兵，遂将养马业推至历史的顶峰。政府在固原广设机构，充分利用其地理优势进行牧马，使得宁夏西海固地区逐渐成为全国养马业中心。除此之外，还在水土条件有利的黄土丘陵地带——泾河、清水河流域发展少量种植业，形成"牧中有农"的格局，但此时的农业聚落数量、规模较之汉代已大为减弱。

宋代宁夏地区成为防御西夏用兵的前沿，苑马牧监制度被废除，取而代之以大规模军屯建制州、军、寨、堡，大量开垦沿边土地，"屯田范围之广，已经到了无地不耕的地步"，一定程度上促进了农业定居聚落的广泛分布。此时，清水河流域已成为集聚移民的屯垦基地，约有军屯兵士3万余，民屯4000余户（图1-3-3）。

北宋时期，由于宁夏地处军事要地，因此堡寨等建筑形式层出不穷。堡寨视人数多少而大小不等，四周布置高墙，角部设有望楼，驻兵丁把守。堡寨大多选在山头、沟边、高塬、河畔等险要地方，通常一村一寨，也有一村数寨或数村一寨，便于居民在敌人到达之前迅速转移到寨中。堡寨根据内部功能大约可分为两种：一种规模较小，仅有围墙防御，没有内部建筑；另一种规模较大，集成了完备的防御及生活体系，其内部设有民房院落、公共设施、神庙建筑等各类建筑，各建筑均为独立庭院式组合。

西夏时期，以今海原县城为中心的天都山地区为西夏重要的军事指挥中心，元昊称帝后，更加重视对天都山地区的经营，建立南牟会城，戍守兵丁达数万人。宋元符元年（1098年），梁太后亲率40万大军攻占天都山地区。宋以南牟会新城建西安州（今海原西安乡），隶属秦凤路，领荡羌、通会、天都、横岭、定戎等六堡寨，西安州驻宋兵7000余人，天都、临羌两寨守兵各3000人。

四、元明清时期

至元八年（1271年），忽必烈正式建国为元，次年封皇子忙哥剌为安西王，在六盘山设安西王府。《元史·地理志》载："安西王分守西土，即立开成路。"开成路"当冲要者"，所以为上路。在设开成路的同时，设立开成府，领开成（今开城乡）、广安（彭阳）两县。

元朝，回族在我国形成。13世纪前半叶，有大批中亚和西亚的居民（伊斯兰教徒）迁入中国，成为元代色目人的一部分，称为回回。回族的一部分从元朝起就定居于固原。据《多桑蒙古史》记载，忽必烈之孙阿难答因幼年受伊斯兰教徒的抚养而皈依伊斯兰教，并且传教于唐兀之地，阿难答所统辖的15万士兵中，信奉伊斯兰教的居大半。由于伊斯兰教的传播，西海固地区回族人口大增。当时，从宁夏北部黄河两岸到南部六盘山区遍布回族的屯垦区。这一时期，回族聚落开始大规模地出现在西海固地区。

明初军事凋敝，政府推行"坚壁清野"政策，又实行军屯卫所制度。"宁夏多屯所，虏寇至时恐各屯先受掠，可于四五屯内择一屯有水草者，四周浚濠，广丈五尺，深如广之半；筑土城约高二丈，开八门以便出入，旁近四五屯辎重粮草皆集于此。无警则各居本屯耕牧，有警则驱牛羊从土门入土城固守，以待援兵，则寇无所掠。"明中叶，边防稳定，因此鼓励农民垦荒，并向偏僻地区移民直至明末。当时的城镇、堡寨、渠道等地名大多沿用至今，星罗棋布的军堡体系亦为今日的聚落格局奠定了基础（图1-3-4）。

清朝统一全国后，在宁夏南部地区推行"移民实边"、"借地养民"的开发政策。政府招来大批汉回人，将明末尚存的牧场辟为耕地，修建村落。社会的安定使得"民空其堡寨，散处于野，以就农作"，农业生产的军事化色彩已荡然无存。及至河川地全被耕种以后，清廷又明令"凡边省、内地、零星地上可以开垦者，悉听本地夷垦种，免其升科"。在此政策鼓励之下，移民逐步开始从清水河等条件较好的农业地区转向人口稀疏、原为少数民族游牧的区域或空旷山区发展，或在有限的空地上进行安插。

明清两代，由于一味强调屯垦，造成生态环境恶化、木材资源急剧减少，社会经济衰落，各类生土建筑因此得以广泛推广。据清《宁夏纪要》载："宁夏多风沙，且木材极少，故一般住屋，悉用土筑，或以伐垒土房建筑之法：先用木条做筐，实土其中，桩之使坚，以城墙垣。屋顶亦用土敷设，平坦如广场，少数作舟形。以黄土性黏，层层相因，颇为坚厚，无雨雪侵漏及冲毁之虞，色几与地面无异。人畜可以在上行走，并可曝晒衣服、谷麦，堆集草秆杂物等……此种房屋，自墙垣至屋顶，几莫不用土，仅少数梁柱用木，及门牖窗棂略见木条而已，实为纯粹之土屋。"土屋类型也日显多样，如高窑（窑上窑）、拐窑（窑中窑）、窨子（崖中窑）、地窑（地窨）、地道等。其中，高窑一般为

图1-3-4 彭阳县出土明代墓塔

书房或闺房；拐窑、地窖一般供藏粮纳财之用；窨子则为百姓躲避兵差匪患的栖息地或作为各种密室使用。

第四节 宁夏古建筑现状

宁夏回族自治区地处作为中华文明发祥地的黄河上游地区，自古以来就是华夏诸民族生息繁衍、聚集交融和传播文明的要地，留下了数量众多，丰富多彩而又弥足珍贵的古建筑文化遗产。在宁夏境内，从纵贯南北的旧石器时代遗存，到遍布各地的新石器时代聚落，从历朝历代的遗址，到各个时期的墓葬，根据《中国文物地图集·宁夏回族自治区分册》（国家文物局主办文物出版社）资料：宁夏回族自治区有经国务院公布的全国重点文物保护单位19处，自治区人民政府公布的文物保护单位100处，其中古遗址50处，古墓葬8处，古建筑23处，石窟寺和石刻21处，近现代重要史迹和其他17处（图1-4-1）。

一、古建筑的分布与分类

（一）古遗址

古遗址时代起自旧石器时代晚期，止于明代，时间跨度3万多年，类别有古人类活动场所、城址、长城、矿冶遗址、窑址等，基本反映了宁夏自远古至明代3万多年来主要的历史发展过程。

（二）古墓葬

古墓葬共8处，其中有汉代、北朝至隋、唐大型墓群和西夏、明代王陵。原州西郊的北朝至隋唐墓地，已发掘北周、隋、唐墓葬10余座，对研究北朝至隋、唐时期的中西文化交流和民族迁徙融合具有较为重要的科学价值。西夏陵有9座，包括西夏皇帝陵墓和270余座王公贵戚陪葬墓，是我国现存较为完整的王陵之一。西夏的陵园制度，既集成了唐宋陵园的基本格局，又具有许多西夏独有的特点。

（三）古建筑

古建筑主要包括西夏寺塔，明清以来的佛教寺庙、道教宫观以及伊斯兰教建筑。西夏崇尚佛教，境内寺塔众多，既有楼阁式砖塔，也有密檐和覆钵复合式、覆钵式塔群等。多样的西夏塔建筑形式反映出了西夏的建筑技术和文化艺术特点。同心清真大寺和永宁纳家户清真寺，是宁夏境内众多清真寺的代表，这些建筑年代较早的清真寺（图1-4-1），均将中国传统的土木建筑技术和伊斯兰教的文化艺术较好地融为一体，是伊斯兰建筑中国化的成功范例。

（四）石窟寺和石刻

石窟寺中最重要的是固原须弥山石窟。该窟包括8个地点，共有132个洞窟，是西北地区的重要石窟之一。自北魏起至宋、元，时间延续达千年。其中5号窟高达20余米的唐代弥勒佛坐像和相国寺51窟的三尊高达6米的北周佛坐像，雍容典雅，是我国众多石窟造像中的精绝之作。

（五）近现代重要史迹

近代以来，宁夏各地也留下了较为丰富的史迹。历时3年于光绪三十一年（1905年）在吴忠金积堡修建的董府，规模宏大，由三进六院、府墙、护城河组成，建筑群布局严谨、气势恢宏，是清末建筑艺术的优秀代表。将台堡，位于宁夏西吉县城东南30公里处的葫芦河东岸，战国秦长城在这里蜿蜒向东，古代称西瓦亭，为军事要塞。将台堡的称谓本身就已经包含了军事的成分。1936年10月22日，中国工农红军一、二、四方面军在将台堡会师，宣告红军三大主力长征结束，将台堡也由此载入了中国革命的史册。

二、古建筑的价值

宁夏海原县的菜园村遗址中保存最好、规模最大的窑洞式房址由居室、套窑、门洞、门道四部分组成，居室平面呈圆形，面积为25平方米。在窑洞室内和门洞外均摆放着各种式样的陶器和生产工具以及骨质权柄、骨卜等宗教器具，将此窑洞的祭祀功能表露无遗。在窑洞周壁上遍布残留的因插放照明用具而形成的楔形火炬状红烧土痕迹50多处，证

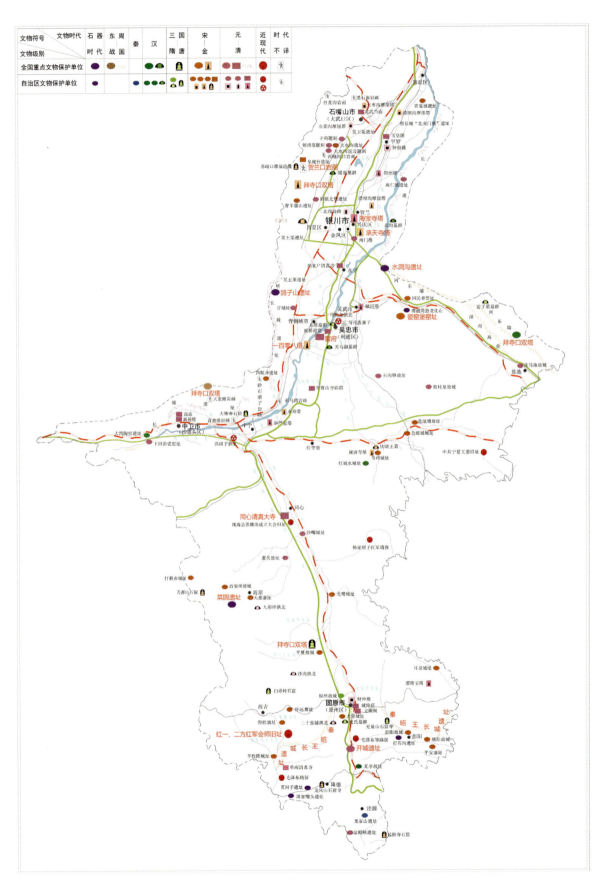

图1-4-1 宁夏回族自治区全国重点文物保护单位、自治区文物保护单位分布图（根据《中国文物地图集·宁夏回族自治区分册》清绘）

明4500～4800年前，人们就有了用"烛"的概念，从而使中国用灯的历史提早了两千多年。窑洞式房屋是林子梁遗址中最有特色的遗迹，优越的地理环境和埋藏条件，为复原窑洞结构、推测工程做法提供了实物依据。

西夏、蒙元时期在宁夏建造了不少精美的古塔，其形制是土坯彩绘，例如贺兰宏佛塔、拜寺口双塔、拜寺沟方塔等，尤其是青铜峡一百零八塔，是将山坡辟分为十二级平台，在台上铺设方砖后，将塔自下而上，依19、17、15、13、11、9、7、5、5、3、3、1之奇数序列成排建在平台上，每级平台前用砖石砌出护墙，构成一等腰三角形的错落有致的塔林群。这种有序排列布局的塔林群在海内外实属罕见。

宁夏明清传统木结构建筑，作为中国传统木结构体系的组成部分，在宁夏地区多民族、多宗教相互影响的历史、文化背景下，形成了不同于官式做法和中原地区常见做法的地方做法，表现出一种强烈的地方性特征以及营造做法的灵活性。宁夏传统建筑屋顶的做法表现出了强烈的地方特色，成了有别于我们熟知的明清北方官式体系和中原做法之外的地方做法，充分显示了建造做法上的灵活性和适应性，这对于深入理解中国传统建筑的多样性和丰富性有着重要的价值。

注释

① 国家文物局.中国文物地图集.宁夏回族自治区分册[M].北京：文物出版社，2010：400-401.

② 陈育宁.宁夏通史[M].银川：宁夏人民出版社，2008：003.

③ 薛正昌.黄河文明的绿洲——宁夏历史文化地理[M].银川：宁夏人民出版社，2007：1-12.

④ 高占福.丝绸之路上的甘肃回族[J].宁夏社会科学，1986，（2）.

⑤ 《甘青宁史略·副编》：卷三.

⑥ 金光耀.东干是东突厥之后吗？[N]∥丁国勇等.回回入居宁夏及其发展演变概况[J].宁夏社会科学，1982，(4).

⑦ 张天路等.中国穆斯林人口[M].银川：宁夏人民出版社，1991：163.

⑧ 佘贵孝.固原回族研究[M].内部出版物，1997：19.

⑨ 董宏征.亮鉴 独具特色的西夏雕像石碑座[J].文物鉴定与鉴赏，2013，（36）.

⑩ 国家文物局.中国文物地图集.宁夏回族自治区分册[M].北京：文物出版社，2010：11.

⑪ 汪一鸣，钟侃.西夏都城兴庆府初探[J]西北史地，1984，（09）.

⑫ 《汉书·地理志》.

⑬ 国家文物局.中国文物地图集.宁夏回族自治区分册[M].北京：文物出版社，2010：7.

宁夏古建筑

第二章 古城与村落

宁夏古城与村落分布图

（地图引自：中华人民共和国民政部编.中华人民共和国行政区划简册2014.北京：中国地图出版社，2014.）

- ① 固原古城
- ② 韦州古城
- ③ 黄铎堡古城
- ④ 大营古城
- ⑤ 瓦亭古城
- ⑥ 省嵬城
- ⑦ 凤凰古城
- ⑧ 西安州古城
- ⑨ 柳州古城
- ⑩ 开城遗址
- ⑪ 灵武城墙
- ⑫ 南长滩古村落
- ⑬ 单家集古村落
- ⑭ 北长滩古村落
- ⑮ 董府
- ⑯ 马月坡寨子

第一节 概述

在中国历史上，宁夏是开发较早的地区，是华夏文明的发祥地之一。南部彭阳县姚河村落遗址、北部灵武市水洞沟早期人类聚落遗址，都再现了人类聚落早期的发展历史。宁夏古代城镇与村落的产生与发展，经过了先秦、秦汉、南北朝、隋唐、宋夏元、明清六个重要发展阶段。北部是边关地区和农、牧区交错的地带，地处偏远，由于战争频繁，黄河游移改道，因此，城池随着战乱和水害而时修时迁、时兴时衰；宁夏南部城镇、村落的发展始终以固原地区为中心，辐射带动周边地区。西夏以前，宁夏古代城池的行政级别最高为郡城，唐时灵州为朔方节度使所在地，有过大都督府的时期。直到党项族进入后，修筑兴庆都城，建立大夏王国，把宁夏古代城池的开发建设推上了一个前所未有的高峰。[①]

由于古代宁夏地处边疆，为历代各民族徙居之地及民族间的争战场所，所以自秦汉以来战争频繁。各类城堡遗址星罗棋布，据近年文物普查资料，各大大小小古城遗址多达105处，遗存现状大都清晰可辨，其中有大量保存基本完整者。

汉代城址，位于北部的多在沿黄河内外交通要道附近；南部则是在陇山（今六盘山）东古茹水（今清水河）的河谷川道中以及陇山西葫芦河流域之川道及相通的各岔道之中。盐池县西北15公里的张家场汉代古城遗址，平面呈长方形，东西长1200米，南北宽800米，面积960000平方米，东、西各开一门，门外附瓮城，城内有明显的东西向主干道。

唐代城址，以同心县大罗山之东10公里的韦州（老城）唐代遗址为例，平面近正方形，东西长571米，南北宽540米，面积308340平方米。东、南各开一门，南门外附瓮城，城墙残高10米，基宽10米，顶部残宽4米，城墙周围置马面49座，间距43米，该城即隋代鸣沙县治所，唐置安乐州，为内徙吐谷浑王慕容氏世居之所。

宋代城址，如原州区三营镇西北黄铎堡乡之黄铎堡，即宋平夏城址，平面略呈方形，面积560000平方米，四面各开一门，城周各置马面，墙外深壕，城址西距唐代石门关隘口9公里，东南距固原城48公里。明代于古城内南边筑一新墙为堡，以驻军长官黄铎为名。

明代城址较多，分布于各要道及聚居地，今宁夏城堡名称皆因袭于明代，清代因明城以居。

一、先秦时期

宁夏早在四五千年前的新石器时代就已有原始聚落出现，如位于贺兰山山前洪积扇边缘的暖泉新石器文化遗址，其居民房址为方形、浅地穴式，房中设有取暖、照明、煮食物的圆形火塘，有石制磨盘、磨棒，可能用于研磨草籽或谷物；海原县西安乡菜园村新石器时代遗址是靠山临沟，背风向阳，接近水源，面积达10平方公里，由居址、墓葬、小道等组成的民居点，其中有窑洞式房址、半地穴式房址10多座，场院、窖穴、灰坑、陶窑（即陶作坊区）齐备；战国时期的朐衍县城（盐池县柳杨堡乡张家场村西）遗址则为宁夏最早的城堡之一，平面呈长方形，东西长1200米，南北宽800米，东西各设两门，城内东西向为主街道，现存城墙由黄土夯筑而成，残高1~6米（图2-1-1、图2-1-2）。

二、秦汉时期

秦汉时期宁夏地区已有较多县城、亭障，其中南部的高平城（今固原）曾为安定郡治，辖21县（道），因地位重要、城池险固，称高平第一城。从古城址中发现陶水井、陶制排水管道（有五角形、圆形两类，圆形的又有直角和曲尺形等），表明当时已有较为完备的供水排水设施。高平和富平（曾为北地郡治）为当时南北两大中心城市。前者至今为南部政治、经济中心，后者则随北部引黄灌区由南向北开发范围的扩大，中心城市向位置较适中的灵州、兴州（今银川市）依次转移。汉代其他较重要的城市有廉县城、灵武县城、上河城、朐卷县城、三水县城、朝那县城、乌氏县城等，至今在这些

图2-1-1 菜园村遗址

图2-1-2 宁夏考古队探坑地点

图2-1-3 固原出土陶制排水管

古城遗址附近还常常发现成群汉墓，有的多达数百座，墓区绵亘数里，表明当时已有较多人口在此地集聚（图2-1-3）。

三、魏晋南北朝时期

十六国之一的大夏国国王赫连勃勃，将饮汗城（今银川市东郊）作为丽子园，是屯兵要地、风景游乐城市，"登眺极山河之伟观"；将薄骨律城（汉代灵州县）作为果园城，"薄骨律镇，城在河渚上，赫连果城也，桑果余林，仍列洲上"。北魏在宁夏南北分置高平镇、薄骨律镇，后分别改原州、灵州，下辖郡、县、镇等。北部灌区建有不少移民城，如上河城（今永宁县境），是汉代上河典农都尉治，原居民多为戍卒移民，北魏时迁关东汉人到此屯垦，立弘静镇，俗称汉城，亦称薄骨律仓城，是灌区粮食集散地之一。还有胡城、历城、怀远等移民城，因号胡地城（胡城）。北魏太和初年平三齐，迁历下之居民于历城（今平罗县马太沟镇地）；北周建德三年（公元574年）移民2万户于饮汗城，置怀远郡怀远县。南部原州城（高平）则成了丝绸之路北道重要枢纽，地位得到进一步提高。有记载，宁夏南部清水河中游地区出现他楼城，应当与少数民族集聚有关。

四、隋唐时期

隋唐时期，由于宁夏北部灌区得到了更大的开发、朔方节度使成为全国最大军镇、大批归附少数民族安置于此、唐肃宗在灵州登基等因素，宁夏北部最大的城市灵州成为全国临时政治、军事中心，西北重要的经济、交通中心；唐代后期、五代至西夏，灵州又成了长安—灵州—凉州（今甘肃武威）西域道（即中西交通主线）上的重要城市。唐太宗

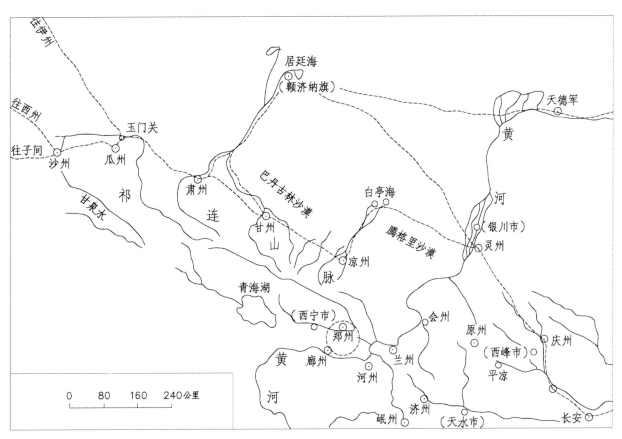

图2-1-4 晚唐五代宋初的灵州道（根据网络资料清绘）

曾亲至灵州接受各部族来降和进贡。南部的原州既为关中屏障、全国养马业中心，又是盛唐时期丝绸之路北道（长安—原州—凉州）上的重要城市（图2-1-4）。

五、宋夏元时期

天禧四年（1020年），西夏都城由灵州迁至怀远镇（今宁夏银川市），改名兴州（后改兴庆府、中兴府），银川由边塞小城一跃而成为跨今宁、甘、陕、青、内蒙古辽阔地域的西夏王朝的政治、军事、经济中心，由此奠定了其作为宁夏地区中心城市的历史地位。中兴府有人口10余万，城内有宫城、避暑宫、寺院、民居街坊、军营、仓库、手工业作坊、学校，城外有离宫、佛寺、城堡、陵园等。宋以镇戎军（今固原，金改镇戎州）为军事中心，大建堡寨；元代为广安州城，城址犹存。西夏灭亡时，中兴府城受到严重破坏，一度成为空城。元代初期，曾迁来大量移民，中兴府于至元二十五年（1288年）改宁夏府，曾为西夏中兴等路行省、宁夏行省治所，是当时西北各族人民经济文化交流、民族融合的重要枢纽；应里州（今宁夏中卫县城）成为卫宁平原和黄河航道上的重要城市。南部置开成府（路），为安西王行都和屯田总管府，一度被视为"上都"，亦号"上路"，也是最早的回族聚居区（图2-1-5）。

六、明清时期

明代宁夏镇（卫）城（今银川）作为军屯经济中心，驻军较多，该城在弘治时期人口7.4万，占全灌区人口的60%。城内有熙春、泰和等30余街坊，羊肉市、柴市等10个市集。城内外园林、风景名胜十余处，清和门（今称"东门"）外有金波湖和丽景园，

图2-1-5 西夏南都（西安州）遗址

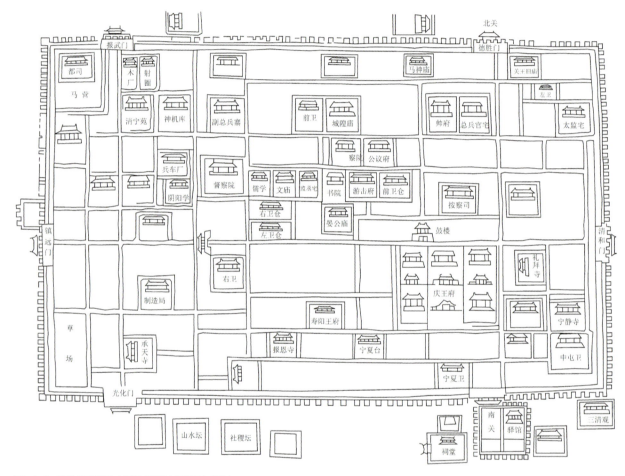

图2-1-6 明代宁夏城图（根据《嘉靖宁夏新志》清绘）

为北方盛观，南熏门（今称"南门"）外有南塘和知止轩。南部固原镇作为"九边重镇"中最大的军镇，其重要地位进一步强化，建有内外双城（图2-1-6）。

清代，北部灌区人口向农村分散，宁夏府城（今银川）人口约30万，仍占全府人口的22%。黄河水运和驼队陆运极盛，为西北商贸门户，时称"小南京"。当时城内人口稠密，阛阓纷列，车马辐辏，官署、祠宇、士族府邸覆瓦，石坊较多。民居则以土木房屋为主，全城建筑物鳞次栉比，来自晋、陕、津等地的商贾骈集，货物杂陈，汉族与回族、蒙古族、满族间贸易兴盛。城内建有陕西会馆、山西商民会馆。城中心东西大街最为繁华，市肆稠密，百货俱集，有米粮市、柴炭市、骡马市、猪市、鸡市、羊市、菜市、青果市、煤市、碴（碴子炭）市、兰炭（即焦煤）市、木市、估衣市、箱柜市、麻市、蕃货市等。城市规模和繁荣程度空前，

成为西陲一大都会。南部的固原城，因交通干线北移，地位有所下降，但仍为南部的经济中心，史志称其"城垣基地平坦，居民稠密，四门关厢亦开铺面"，南门外的安安桥"桥上廛市林立"，"民间需用布匹，来自三原，产于鄂省"，城内有秦晋会馆、四川会馆。张义堡（今原州区张易镇）则有山西会馆，表明与西安一线经济联系十分密切。

第二节　古城

一、固原古城（汉至清）

固原古城遗址，位于宁夏固原市原州区，全国重点文物保护单位。

汉为安定郡治高平城；北魏太延二年（公元436年）置高平镇，后改为原州；北周天和四年（公元569年）修筑原州城；唐为原州，宋置镇戎军；金兴定三年（1219年）因地震城倾颓，兴定四年修复。

据《嘉靖固原州志》卷一载，景泰三年（1452年）修固原城，成化五年（1469年）增筑，有城门二，南曰镇夷，东曰安边。成化十年（1474年）设三边总制于固原，改为固原州，城"周围二十里，设关门四，外为沟池"。弘治十五年（1502年），增筑"外关城"并复开西门——威远门。万历三年（1575年），外城以砖、石砌护，增修了角楼、炮台、车道、城垛等。外城址平面为长方形，东西长1700米，南北宽1510米，东城门三、西城门二、南城门四、北城门一。内城东西长1330米，南北宽约1110米。今存内城西南角，在西湖公园内，东西长约500米。内城西北角墙，在今太平巷内，长338米，残高12米。内城南城墙，位于今后壕与小南巷之间，长约240米。内城东北角墙，在今民族学院后院，残长150米。外城墙保存较好的有新西院至和平门一段，长约100米。此外，还有西墙一段，长30米；东城门一段，长40米。

明《嘉靖固原州志》载："宋镇戎军城周围九里七分，壕堑二重。" 1469年，增筑固原城，周围九里三分，高、阔各三丈五尺，并在旧城门（南曰镇夷，东曰安边）上建有楼铺。大规模地增筑固原城在弘治年间，弘治十五年（1502年），三边总督秦纮筑外关城，周围二十里。《万历固原州志》正式将1469年修筑的城称为内城，秦纮修筑的城称外城。万历三年（1575年），三边总督石茂华认为："土筑不能垂远"，"始甃以砖，高三丈六尺，周凡十三里七分，遂称雄镇"。一座规模宏大的砖包城雄踞固原。《民国固原县志》载：砖包之后，"增设角楼、铺房、炮台、水沟，加筑垛墙、疏穿池阱……陇右名城无出其右者"，成为明清以来西北地区的名城。

至明代，固原古城已经形成"内城外郭"的古代都城建设形制（图2-2-1）。内外城平面均为近似长方形，内、外城均在东、西、南、北四个方向各辟一门，共计8个城门。除北门因内外城墙形态不一致而没有对应开设之外，其他东西南三门皆内外城门对应开设。规划十分严整。内城周围九里三分，城墙高三丈五尺，垛口1046座，炮台18座；外城周围十三里七分，城墙高三丈六尺，垛口1573座，炮台31座。东城门三道，冠名者两道：安边门、保宁门；南城门四道，冠名者两道：镇秦门、镇夷门；西城门两道，冠名者一道：威远门；北城

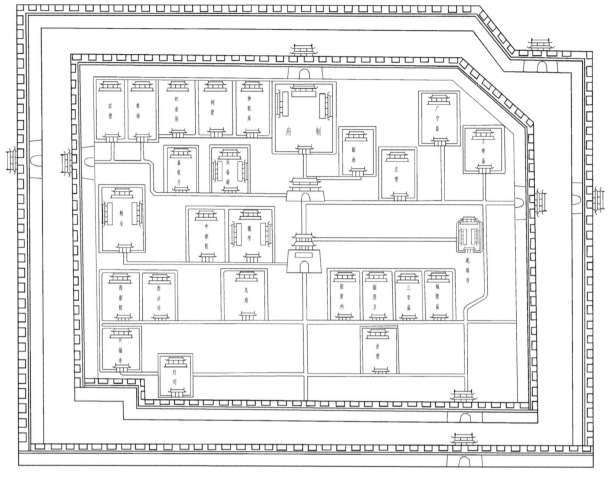

图2-2-1 明代固原州城图

门一道：靖朔门。从此，固原城以"据八郡至肩背，绾三镇之要膂"名扬西北（图2-2-2～图2-2-5）。

民国《固原县志》载："治城形势如磐石，东岳辅于左，西坪翊于右，九龙槟于前，北塬拓于后，清水河襟带于东南，饮马河纡轸于西北。"就地势来讲，东门与南门都修建在斜坡漫道上，重关巍峨，居高临下，一夫当关，万夫莫开；北门与西门外都是一马平川，可防可攻。因此，固原城是一座能出击运兵，能藏兵防御的边关型古城。

二、韦州古城（西夏、明）

韦州古城（图2-2-6），位于同心县东北85公里，自治区文物保护单位。

现有两座古城址，东西坐落，仅一墙之隔。东面一城，为明弘治十三年（1500年）巡抚王珣所奏筑，"周回四里三分，池阔二丈，深七尺"。西边一城，"西夏置韦州于此，又为静塞军"。宋嘉祐七年（1062年），改"韦州监军司为祥祐军"。俗称西城为"老城"，东城为"新城"。韦州古城（老城）始建于西夏时期。据《新唐书》记载，唐咸亨三年（公元672年）置安乐州，后被吐谷浑慕容部所占，至德二年（公元757年）又被吐蕃所占。唐大中三年（公元849年）收复，更名威州。西夏时期，韦州成为西夏的十二监军司之一，据《嘉靖宁夏新志》记载，韦州"汉北地郡地，唐灵州郡地，宋赵元昊为韦州，属'左厢'，曰静塞军，元仍名韦州"。明洪武二十五年（1392年），庆王建宫室于此，弃其西半，展筑南墙，城平面因之改为长方形。城东西宽294米，南北长572米，城墙基宽10米，残高10～12米，由黄土夯筑而成。

图2-2-2 固原城墙现状

图2-2-3 固原城靖朔门

图2-2-4 固原城墙

图2-2-5 固原城墙一角

图2-2-6 韦州古城

图2-2-7 韦州古城城墙遗址

图2-2-8 黄铎堡古城

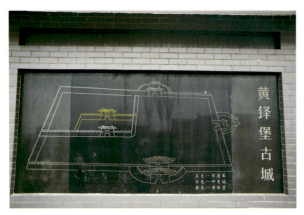

图2-2-9 黄铎堡古城演变图

现存古城平面近似正方形，东西长571米，南北宽540米，城墙由黄土夯筑，高12～14米，东、南辟门，南门外有瓮城，东门已毁。残墙高10米，顶宽4米，基宽10米，夯土层厚8～12厘米（图2-2-7）。城墙四周有马面49座，间距43米。城内现存古塔两座：一座为西夏时期的密檐式砖塔，称为"康济禅寺浮图塔"，耸立于城东南隅；一座为元代喇嘛墓塔，称为"小白塔"，矗立于城西北隅。

三、黄铎堡古城（宋、西夏）

黄铎堡古城（图2-2-8），又称平夏古城，宋代时称"石门堡"、"怀德军城"，位于固原市原州区西北约38公里处的三营镇黄铎堡村。自治区文物保护单位。

据《宋史·地理志》卷八十七载："怀德军，本平夏城，绍圣四年（1097年）建筑，大观二年（1108年）展城作军，名曰怀德。"又据《宋史·章楶传》载："北宋哲宗绍圣四年（1097年）章楶知渭州（平凉）时，帅熙河、秦凤、环庆、泾原四路之师在夏人没有发觉的情况下，出葫芦河川，突击二十二日筑二城于石门峡江口（今须弥山沟口），好水河（今陈家沟河）之阴。赐名曰：平夏城、灵平砦（今王浩堡）。"平夏城长400米，南北宽540米。宋徽宗大观二十年（1108年），平夏城扩城置军，初定名威德，后改名怀德军。其城址东西长835米，南北宽865米。怀德军辖今原州区西北部，海原县东部，西吉县东部及同心县西南部。明代洪武初年，固原人黄成因辗转征战有功，授世袭指挥使一职，袭至曾孙黄铎，约成化年间在平夏旧城东南筑堡防边（民间有"紫禁城"之说）。其堡东西长260米，南北宽150米。因以黄铎筑堡而得黄铎堡之称（图2-2-9）。

古城城址平面呈长方形，面积约56万平方米，有内、外城之分，外城东西宽700米，南北长800米，城墙以黄土夯筑，残高4～8米，基宽9米，开六门，现存西城墙保存较为完整。南、北、东、西对称各开一门。内城平面呈长方形，东西长240米，南北宽80米，城墙以黄土夯筑，残高4～5米，基宽6米（图2-2-10）。古城外四周有护城河，四面共

图2-2-10 黄铎堡古城城墙遗址

图2-2-11 大营古城

图2-2-12 大营古城遗址

开六门,南北各开一门,东、西各开一门,内城面积43200平方米,俗称"紫禁城"。

四、大营古城（宋至明）

大营古城（图2-2-11）始建于宋代,位于固原市原州区中河乡中河村东3公里。据《嘉靖固原州志》卷一载,明代为甘州群牧千户所驻地,为肃府牧马地,全国重点文物保护单位。

古城城址平面呈长方形,东西长500米。南北宽300米,城墙以黄土夯筑,残高5~12米,基宽10米。城南、西、北三面有护城壕,宽3~5米,深2~3米。南、北开门,设有瓮城,保存较好（图2-2-12）。

五、瓦亭古城（汉至宋）

瓦亭古城（图2-2-13、图2-2-14）,位于固原市泾源县六盘山镇瓦亭村,自治区文物保护单位。

据唐《元和郡县志》卷三载，瓦亭故关，东汉建武八年（公元32年），牛邯军瓦亭，即此。宋初置瓦亭寨，金因之。《武经总要》曾载有"瓦亭寨，控陇山一带，屯兵戍守"。自汉唐起古城雄踞萧关古道，是历史上西北地区的重要关隘之一，有险隘"铁瓦亭"之称。

瓦亭城依山而建，分内外两重，外城为宋代始建，内城为明清古城。外城依山形地势呈不规则半圆形。东、西、南、北墙长度分别为550米、500米、120米、920米。城墙以黄土夯筑，东墙北段及北墙位于山脊之上，两墙中部各筑一凸出的马面，两墙衔接处筑有角台。城墙残高1~7米，底宽3~13米，顶宽1~2米。内城平面呈不规则形，东窄西宽，周长1500米，东西长515米，南北宽130~330米，南墙有四个马面，残高5~10米，基宽9米。南、东、西三面辟门，城墙以黄土夯筑，有城壕，宽3~6米，深1~2米。

六、省嵬城（西夏）

省嵬城（图2-2-15），位于石嘴山市惠农区庙

图2-2-13 瓦亭古城1（来源：《宣统州志》）

图2-2-14 瓦亭古城2（来源：沈军民提供）

图2-2-15 西夏省嵬城

图2-2-16 西夏省嵬城遗址

图2-2-17 西夏省嵬城城墙遗址

图2-2-18 西夏省嵬城城门洞遗址

图2-2-19 凤凰古城遗址

台乡省嵬村东南500米处，1964~1965年进行了小规模发掘，并对南城门址进行了清理，在门前填土中发现许多北宋货币及铁钉、铁片、瓷器和鸱吻、砖瓦等建筑材料。《西夏书事》卷十载："天圣二年（1024年）春二月，德明作省嵬城于定州。"据此推断为西夏省嵬城址。省嵬城是宁夏境内有文献记载的最早的党项城池遗址，全国重点文物保护单位。

省嵬城遗址尚存，但毁坏严重，城址为正方形，边长约600米，总面积36万平方米。城墙为黄土夯筑而成，西、北墙保存较好，高达2~4米不等。城墙上窄下宽。四面墙体每隔50米筑一马面，残高4.7米，南墙中部开有一门，门前尚留有瓮城墙痕迹。周长2.4公里，面积0.36平方公里，墙基宽13米，残墙高15米（图2-2-16~图2-2-18）。

七、凤凰古城（宋）

凤凰古城，又称萧关故址，位于海原县高崖乡草场村西650米（图2-2-19），自治区文物保护单位。

《读史方舆纪要》称："元昊之地，东据河，西至玉门，南临萧关，北控大漠。"萧关故址，始建于宋，据《宋史·地理志》卷八十七载，初名威德，又改今名……东至葫芦河一十五里，建筑于崇宁四年（1105年），位距石峡口东约5公里，滨临西河水，地处葫芦河（今清水河）下游川口，为原州北防门户，扼守石峡口川，与平夏城、西安州互为犄角，战略地位尤为重要。

萧关故址有内外两城。内城呈正方形，边长200余米。城墙以黄土夯筑，残高3米，有东西南北

图2-2-20　凤凰古城遗址全景图1

图2-2-21　凤凰古城遗址全景图2

图2-2-22　凤凰古城马面

四门。城内现辟为耕地，有大量瓷片和砖瓦残片，外城已毁（图2-2-20~图2-2-24）。

八、西安州古城（西夏至明）

西安州古城（图2-2-25），西夏元昊时期初建，位于中卫市海原县西安乡老城村，自治区文物保护单位。

据《宋史·夏国传》和《嘉靖固原州志》卷一等载，西夏初年筑，明曰南牟会。元丰四年（1081年）为宋军所焚，次年，西夏收复，元符二年（1099年），宋重修，并建为西安州，元废。元灭夏后，"豫王建都于此，城周五里六分"[②]。明初为楚府牧地，成化五年（1469年）设守御千户所于此，为天都山地区最大城池，是丝绸之路北道必经之

图2-2-23　凤凰古城东北角城墩

图2-2-24　凤凰古城南城墙

图2-2-25　西安州古城遗址

图2-2-26 西安州古城遗址鸟瞰

图2-2-27 西安州古城全景图

地,为"固靖之咽喉,甘凉之襟带"。宋、夏两朝都以此为边境重要军事中心之一。

西安州古城址为正方形,南北长982米,东西宽980米,城墙残高4～8米,黄土夯筑,夯土层厚8～12厘米,基宽12米,每边有19个等距离的马面,相距50米。墙体内有原木,腐朽后孔径10～25厘米,纵横交错。开东、西门,并绕以瓮城。四周有护城壕堑,宽约35米。明代成化四年(1468年)于城内筑东西方向隔墙一道,将古城分为南北二城,同时修筑南城,以砖相甃,并在城四面建角楼,成为明朝西安州守御千户所驻军之地。现北城倾圮严重,南城基本完好(图2-2-26～图2-2-29)。

图2-2-28 西安州古城城墙遗址1

图2-2-29 西安州古城城墙遗址2

图2-2-30 柳州古城遗址

图2-2-31 柳州古城全景图

九、柳州古城（宋至明）

柳州古城（图2-2-30），位于海原县城西南2.5公里的耙子洼自然村，全国重点文物保护单位。

《宋史·地理志》卷八十七载："天都寨……西至西安州二十六里，南至天都山十里"。西夏称东牟会，宋元符元年（1098年），为宋所据，下年赐名天都寨。元名"海喇都"，明清时称"海城"，民国时更名为"柳州城"，为海原县城原址。宋夏两国都曾驻重兵于柳州城。

柳州古城，城址呈方形，方向正南北，东西长400米，南北宽380米，开南、北二门，绕以瓮城，四隅有角台，城墙残高4～8米，基宽8米，以黄土夯筑而成。有护城壕痕迹，宽约20米。现城内已辟为耕地，地面散布大量砖瓦残片及建筑构件。西城内侧有一通往13公里之外西安州城的地下隧道（图2-2-31、图2-2-32）。

图2-2-32 柳州古城城墙遗址

图2-2-33 明朝开城（根据《固原市志》清绘）

十、开城遗址（元）

开城遗址，位于固原城南19公里的开城镇开城村，是元朝安西王府旧址，是全国重点文物保护单位。

至元十年（1273年），元帝忽必烈封三子忙哥剌为安西王，统领秦、蜀，屯兵六盘山，次年置开城府为行宫，同年置开城路及开城县。安西王冬居京兆，夏居开城府，岁以为常。至元十五年（1278年），又置屯田总管府。至元三年（1323年），安西王被逐，王府废，路降为州。明成化三年（1467年），蒙古鞑靼部攻陷开城，开城县迁至今固原城。今为开城镇人民政府驻地，古遗址尚存（图2-2-33）。

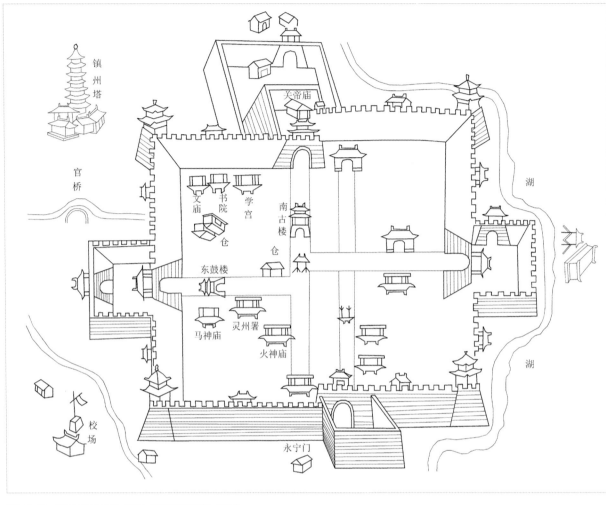

图2-2-34 嘉庆灵州县城图（根据《嘉靖宁夏新志》清绘）

开城遗址是丝绸之路沿线重要的元代古遗址，位于固原市原州区南18公里的开城镇开城村，遗址总面积9.23平方公里。地表遗迹遗物有窑址、城址、宫殿、御苑及普通居址、墓葬等。经考古勘探，城址位于开城镇政府西约一华里的长虫梁，主城南北长450米，东西宽350米，平面呈"凸"字形，城垣周长约1600米，面积约为16万平方米，由主城和瓮城构成，坐北朝南，开东、西、南三门。主城内有建筑物的夯土基址5处。其中中央夯土基址处在城内南北中轴线上，南北长约124米，东西宽49~54米，规模蔚为宏大。其余4处夯土基址大体沿城内南北中轴线对称分布于中央基址的东、西两边。各夯土基址平面形制不同：中央夯土基址为"工"字形，余则为"亚"字形、"土"字形和长方形。还有开城村与黑刺沟窑址、开城梁居民生活区遗址、北家山房址和池塘遗址、瓦渣梁遗址、开城墓地等。

十一、灵武城墙（明）

灵武城墙，位于灵武市区内。《嘉靖宁夏新志》卷三载：明洪武十七年（1384年）"以故城为河水崩陷，惟遗西南一角。于故城北七里筑城。"市文物保护单位（图2-2-34）。

明宣德三年（1428年），黄河发水，又将所筑之城湮没，于是"又去旧城东北五里筑之"。景泰三年（1452年）增筑州城，弘治十三年（1500年）增设南关，为灵州守御千户所驻地。"城并南关，周长七里八分，高三丈，池深一丈，阔五丈，城门三：南曰'弘化'北曰'定朔'，西曰'临河'，上

图2-2-35　灵武城墙遗址1

图2-2-36　灵武城墙遗址2

图2-2-37　灵武城墙门洞

图2-2-38　灵武城墙细部

皆有楼，关则东、南各一门。"

万历五年（1577年）巡抚罗凤翱又将州城用砖石包裹，城墙高三丈一尺，基厚二丈五尺，顶厚一丈五尺，增置东门。城门四道：东曰"澄清"，西曰"孕秀"，南曰"弘化"，北曰"定朔"。上皆有楼，外有瓮城，角楼四座，环楼四座，门台四座，炮台四座，环城河深一丈，宽三丈。

现城严重毁废，仅存西北一角城墙，东西长230米，南北长155米，存高10.3米，基宽9.8米，外包以厚0.7米的灰色条砖（图2-2-35～图2-2-38）。

第三节　古村落

今银川市东南19公里处的水洞沟旧石器时代晚期文化遗址表明，约两三万年前就有人类在这里居住和生活。宁夏地区的新石器时代的聚落遗址则更为丰富，有海原县菜园村遗址、贺兰县金山林场遗址、盐池县官滩、硝池子遗址、同心县红城水遗址等。

夏商周三代的1300多年间，宁夏地区有"犬戎"、"西戎"、"鬼方"、"猃狁"、"熏鬻"等多民族的活动，故推测应该有大量的土著氏族及部落的分布，如果没有较大的战争及自然灾害发生，此时的先民应该还是保持着新石器时代的聚居方式。

战国秦汉以后，随着宁夏被逐渐纳入中原王朝的统治范围以内，郡县体制下的乡村聚居形式作为制度化的产物被日渐普及和组织化起来。但直到元

图2-3-1 中卫南长滩全景图1

图2-3-2 中卫南长滩全景图2

代，村落居住体系虽然已经建立，但由于宁夏地处边地，战乱频繁以及少数民族不断地迁入、迁出，故村落的居住形态一直不大稳固，《民国固原县志》载："秦筑长城于义渠，其进于村落之时欤。汉唐以降，密迩羌狄，变乱迭兴，人民居处仍疏疏落落，飘摇不定。"

西汉时期因郡县体制而建立的村落体系被冲击和打破以后，近1400年里，宁夏地区较为完整并持续稳定的地方村落体系一直没有建立起来，这种情况一直到明清时代才有所改变。明清时代系统建立的地方堡寨及其民堡化和村落化奠定了宁夏近现代村落体系和分布格局的基础。

一、南长滩古村落

村是聚落的一种形态。村的形成和发展有两大因素，一是地缘，二是血缘。地缘决定生存条件和环境，血缘则关乎村的凝聚力和子孙后代的发展，体现出古人追求人和自然关系的和谐，自治区文物保护单位。

南长滩村位于宁夏中卫市沙坡头区香山乡，距离中卫市西南85公里，是黄河进入宁夏流经的第一个村落，2008年被国家批准为宁夏首个"中国历史文化名村"。南长滩是拓跋家族发展起来的村落。南长滩村的70%的人复姓拓跋，自称是西夏人的后裔，并保存有完整的族谱，祖上是在元明以前寻水而居迁移至此定居，主要从事农业及水运。

南长滩的选址符合古代村落的选址原则——"背山面水"，它位于宁夏、甘肃两省交界处，黄河黑山峡冲刷淤积形成的狭长河滩地，是黄河臂弯中的绿洲。村落北、西、南三面环黄河，东面北靠香山，面积195.4平方公里，人口1260人。农业用地紧靠黄河，可得黄河水灌溉，居住用地略向山地，可见是一处自然环境和宗族发展余地较大的村居理想之地（图2-3-1、图2-3-2）。

南长滩村属于平原团型，平面近于长方形。村落中部留有较为开阔的公共空间，村内道路布局不规则，巷道狭窄而交错，高低相连，四通八达。由于居住用地紧张，民居布局较为紧凑，大多呈廊院式，主体建筑多数为南北朝向，平面有宁夏地区常见的一字形、"L"形、"虎抱头"等类型。村落至今70%以上的民居是早期的土木结构平屋顶房屋，村

图2-3-3 中卫南长滩民居1

图2-3-4 中卫南长滩民居2

图2-3-5 西吉单家集陕义堂清真大寺

里还保存有较完整的十余间清代民居（图2-3-3、图2-3-4）。

二、单家集古村落

单家集，又名"单民"，位于六盘山麓、宁夏西吉县东南葫芦河与好水川交汇处，地处宁夏、甘肃两省区四县交界地带，是一个以回族为主的回汉杂居村，回族占95%以上，单姓约占70%。村内的单南清真寺为自治区文物保护单位。

交通干线中（卫）静（宁）公路穿村而过，将村子分为单南、单北两个行政村。村子的历史可追溯至明代以前，山东的单姓回民在明初迁居此地。清代同治年间，因西北回民起义而受到追剿的陕西回民流落于此，建有"陕义堂"清真寺，光绪年间进行过扩建，现在是当地有名的古建筑。毛泽东曾在"陕义堂"会见当地阿訇，并住过一宿。

单家集的村落范围是由东向西、从中心向南北逐渐扩展，所以处于村庄东头中间位置的庭院一般都比较古老，呈团状分布，远离村庄中心的庭院则比较年轻，多呈星点状分布。早期的簇团状的分布形式更为紧凑，有利于节约耕地和能源。单家集共有四座清真寺，均坐落于公路西侧，与其前广场成为带状聚落的节点空间。同时沿公路两侧还分布有集贸市场、打麦场及许多的临时店铺。整体形成了丘陵山地—村落—葫芦河—主村—公路—主村—农田—丘陵山地的村落空间格局（图2-3-5）。

三、北长滩古村落

北长滩古村落，位于宁夏中卫市沙坡头区香山乡，距离中卫市西南85公里，是黄河进入宁夏流经的第二个村落，是宁夏继南长滩后的又一黄河岸边传统古村落，依山而建，因地势不同，屋舍高低错落。每户的院落布局和房屋结构，仍保留了明清时代当地传统的建筑风格——"四梁八柱式"土木结构建筑（图2-3-6~图2-3-8）。这里的传统民居建筑群，是目前宁夏境内具有地方特色、保存最为完整、数量最多也是最集中的。从明清到民国时期，从新中国成立初期到现在，一直没有改变，这在宁夏境内已经十分罕见。

村落是由两个沿黄河依山边而建的上滩村和下滩村组成的。上滩村位于西南部，平面呈团型布局；下滩村位于东北部，南北向带状布局，两村皆沿河布置园林景观带，靠山处设置居民区。

村落中民居院落呈合院式布局，院门多向南开，院落北面正中为三间堂屋，堂屋东西两侧各建耳房一至两间，供厨房和储藏粮食杂物之用，院落东西两侧则是对称布局的两至三间厢房。民居的建造就地取材，以土木结构为主，石材为辅。房屋通常做高出地面的毛石基础，基础之上为长方体土坯砌筑的墙体，房屋的四角及前后墙共竖立前后对称的八根立柱，立柱砌于墙体之内。个别房屋跨度较大时室内留有两根明柱。前后相对的立柱上端架着大梁，四根大梁与八个立柱采用榫卯结构紧紧相套，此结构在当地被称为"四梁八柱"。墙体内外均用草泥抹平，内墙面在草泥干透之后，刮一层白灰。居住在这种土木结构的房屋里不仅冬暖夏凉，而且由于榫卯结构的拉动牵制作用，遇到一般的地震，房屋墙倒而屋不塌。

第四节　府第及民居

旧石器时代到新石器时代晚期，宁夏境内人类活动是连续未断的一个过程，这些早期人类的社会组织经历了原始群团、"血缘家族"、氏族社会和部落制的发展历程。其居住形式以集中居住的村落为主，民居有半地穴式、窑洞式和地面房屋三种基本形式。据彭阳县打石沟新石器遗址考古发掘，当时的房屋依山而建，成排分布，均为夯土墙体，地面和内壁用白灰涂抹光滑，中部一个圆形火塘，房屋墙体长6米。房屋的建造风格和样式，与现在固原地区的土坯房屋建造结构基本相同，当时的夯墙技术与现代建筑技术几乎无差别。

宁夏汉族的合院民居和北方民居的形制一样，多为中轴对称，院落坐北朝南，由正房、两厢、倒座及大门构成，因讲究风水之故，大门多置于院落

图2-3-6　北长滩村

图2-3-7　北长滩民居院落

图2-3-8　北长滩民居旧宅

的东南隅，且在大门上贴上辟邪的门神和吉祥如意的大红色对联。

回族没有风水和喜红的民俗讲究，所以在宁夏回族民居中，大门的设置和门外装饰成为外观上区别回、汉民居的标志物。回族民居必须满足日常宗教生活的功能，院落一般由起居、储藏、饲养、庭院、礼拜、沐浴六个基本功能单位组成，体现了较强的经济性、生产性和宗教性。

一、董府

董府（图2-4-1）是清末名将——甘肃提督董福祥的府邸，坐落在宁夏吴忠市金积镇，是一座兼具堡寨式与合院式民居特点的传统建筑群，是宁夏民居的经典实例，全国重点文物保护单位。

董府建筑群始建于光绪二十八年（1902年），现存董府平面略呈方形，四周为夯土寨墙，东西长127.7米，南北宽121.6米，高8.5米，顶宽4.35米，基宽8米，占地面积1.56万平方米。初建时，董府拥有双重寨墙，由内寨、外寨、护府河和主体建筑群落四部分组成（现仅存内寨主体建筑群）。功能界定分明，其外寨供屯兵存粮（寨墙现已无存），

图2-4-1　吴忠市董府

图2-4-2　董府内院建筑群

图2-4-3　董府堡门

图2-4-4　董府及周边聚落

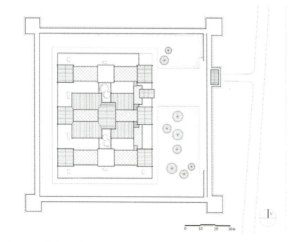

图2-4-5　董府平面图

内寨建筑群供居住生活之用，由高大的夯土墙围护构成内寨墙（图2-4-2）。

进入董府内寨大门（图2-4-3）后是董府院落建筑群，是一方形大院，东西60.3米，南北74米，占地面积4462平方米。董府院落空间体系严整对称，有相互毗邻却又各自独立的三路两进四合院，即北院、中院、南院三部分，充分体现出汉民族礼制文化的熏陶。值得注意的是，府门向东，院落建筑整体坐西向东布置，且正门位于建筑群东北角。这种有别于汉族建房坐北朝南的做法，据说是主人身为朝廷重臣，房屋朝向京城方向以示忠心感恩朝廷之意。根据董府所处的地域环境，可以看出宅院布局明显受到当地伊斯兰文明以"西"为尊思想的影响，院落的方位、朝向与清真寺一致（图2-4-4）。

董府内院群为三路两进四合院，相互毗连。建筑群的空间序列完全按照中国传统建筑的空间组织手法，以内院群中轴线（也是中院的中轴线）为主要的轴向空间序列，并在主轴上向南北发展衍生出连接南北两院的次要空间序列。另外，在主轴的北侧还设有两组入口序列，在经历了入口前导序列的两次转折后才能到达主空间序列。通过平行于主轴的入口前导序列和与主轴垂直的次要序列的转变，形成曲折的前进路线，从而增加了空间的层次感，同时，空间序列的安排也显示了三路院落主次的等级（图2-4-5）。

中院是整个董府建筑群的空间核心，也是建筑艺术处理的重点区域。中院亦分前中院与后中院两个四合院落。前中院倒座面阔三间，六架梁卷棚顶。南厢房面阔五间，其东端末间为通往南院的小门，屋顶同倒座的。中院过厅2层，面阔五间，六架梁卷棚顶，其一层明间为过厅，二层为董福祥书房。后中院正房及南、北两厢均为2层，正房面阔三间，南、北厢房皆为五间，屋顶均为六架卷棚顶，室内彻上明造。后中院正房一层系董氏"祖先堂"，门窗雕饰极为精美，门扇中间刻有三交六椀菱花，上下裙板处雕刻有繁多的木雕图案，刻画神态逼真，栩栩如生。南、北两院空间划分与中院类似，分为前、后两部分，其大门都位于前院东侧。

图2-4-6 董府中前院过庭

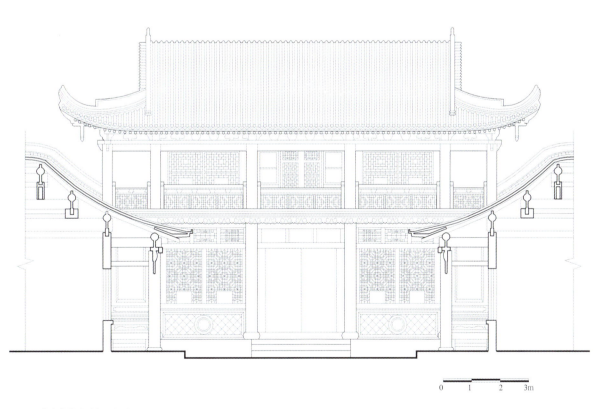

图2-4-7 董府中前院过庭正立面

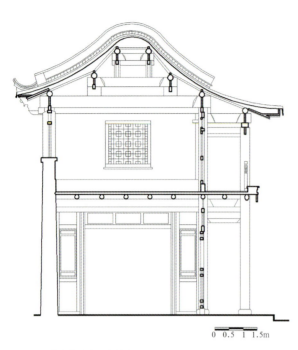

图2-4-8 董府中后院厢房剖面

前院倒座均为三间，前、后两院均有过厅相连，南、北厢房为对称布置，正房与厢房均为无瓦平屋顶（图2-4-6、图2-4-7）。

董府建筑体量主次分明，重点突出，形象统一。例如中院中轴线房屋及南北上房为卷棚坡顶瓦房，而其余房屋皆为宁夏地区传统的草泥平屋顶，又如后中院建筑采用2层，其他皆为1层，均体现了"居中为尊"的传统建筑礼制思想（图2-4-8）。董府建筑装饰及砖雕、木雕图案精美、造型丰富，大多采用花、鸟、卷云等寓意吉祥的图案。

二、马月坡寨子

马月坡寨子是吴忠知名回族商人马月坡私宅，建于20世纪20年代，距今已有80多年的历史。原寨子由护寨河、寨墙和三所院落组成。马月坡寨子是

图2-4-9 马月坡寨子院落

宁夏目前惟一幸存下来的回族传统经典民居建筑（图2-4-9），自治区文物保护单位。

马月坡寨子，整个建筑群坐北朝南，土木结构，呈长方形，东西宽78米，南北长93米，占地7254平方米。四周用黄土夯筑高大寨墙，高7.5米，墙基宽3.6米，四角砖罩马面，建有角亭。墙外环以护寨壕沟，南寨墙正中开寨门。寨内建筑布局分前后两院，前院占地约4500平方米，空旷似广场，空旷的前院可满足当年生意繁忙时的车马驼队临时安置的需求。前院东、西两边建驼马棚厩，东南角设上寨墙的台阶式马道。后院又分东、中、西三院，地坪高于前院1.2米，三个院落一字排开，均为一正两厢格局，共有房屋60多间。

现存建筑群仅是原有马月坡三宅院的西院部分，占地约440平方米。建筑群平面中轴对称，由正房和东、西两厢组成典型三合院布局（图2-4-10）。正房（也称上房）坐北朝南，面阔七间，平屋顶，砖木结构（图2-4-11）。中间三间开间较大，且前墙退后1.5米，形成前廊，木装修精美，为接见宾客时使用，同时也显示出主人的地位，"居中为尊"这种中国传统建筑礼制在这里也表现出来了。左右两侧耳房为套间形制，各占两开间，分别作书房和卧室之用，其窗户造型为上圆拱式样（图2-4-12、图2-4-13）。东耳房后面设置沐浴室，有通道与西耳房相连，是满足穆斯林家庭礼拜洗浴需求的特有空间形式。两侧厢房面阔五间（现仅保存四间），平屋顶，采用木结构体系，先用木质的立柱、横梁构成房屋的骨架，后在梁下砌以土坯墙。该厢房的檐廊结构处理巧妙，在屋檐下的雀替与吊柱后面加了类似于如意的斜向支撑，用以保护结构的完整性。运用挑梁减柱法，巧妙地运用三角支撑原理，既实现了力的传承，又节省了立柱，使空间更显宽敞、通透，可谓一举三得，堪称回族民居建筑设计

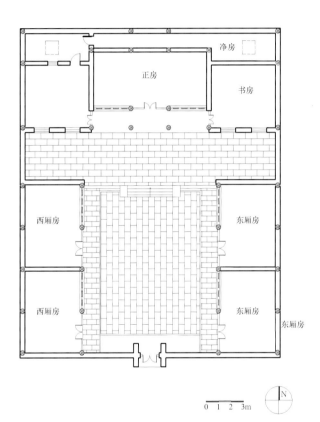

图2-4-10　马月坡寨子建筑平面图

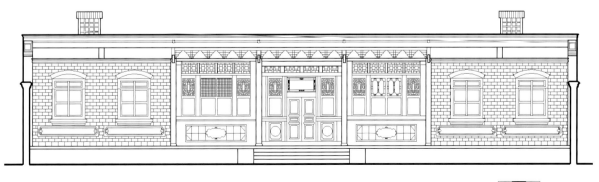

图2-4-11　马月坡寨子正房正立面图

图2-4-12　马月坡寨子东厢房

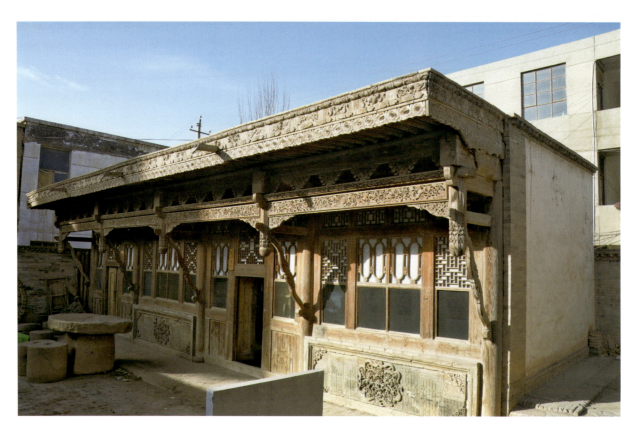

图2-4-13　马月坡寨子西厢房

图2-4-14 慈云别墅1

图2-4-15 慈云别墅2

的精华。根据现存的马月坡院落可以看出回族民居的装饰特征。上房和厢房正面为传统的立木前墙，双开扇刻花板门，"回"字格宽大棱窗，窗台下饰长方形雕刻，主要雕有馨、剑等图案。封檐板及门窗均为木雕装饰。雕刻图案题材有五"福"捧寿、梅、兰、竹、菊等，云板、横梁、挡板等构件皆为雕花，雕刻内容完全不同。砖雕木刻都保持本身的青灰色和原木色，不施彩绘和油漆，体现了回族人民喜爱淡雅清静，崇尚自然天成的精神理念。

注释

① 汪一鸣.宁夏人地关系演化研究[M].宁夏人民出版社，2005，11：172-178.

② 国家文物局.中国文物地图集·宁夏回族自治区分册[M].北京：文物出版社，2010：1~2.

宁夏古建筑

第三章 长城与堡寨

宁夏长城与堡寨分布图

（地图引自：中华人民共和国民政部编. 中华人民共和国行政区划简册2014. 北京：中国地图出版社，2014.）

- ❶ 战国秦长城
- ❷ 隋长城
- ❸ 明长城
- ❹ 镇北堡
- ❺ 红山堡
- ❻ 横城堡
- ❼ 洪岗子堡子
- ❽ 九彩坪堡
- ❾ 王团北堡子

第一节 长城

长城是从城垣建筑的基础上演变过来的，不仅仅是一道墙，它还附带着周边不同等级的城，有镇城、路城、卫城、关城、营城、堡城、羊马以及数以万计的烽火台。长城与其附属的城墙、关隘、墩堡、烽火台和驻军的营城、卫所城等共同组成的严密又科学的军事防御体系能够有效地起到控险防御的作用。长城是古代中国在不同时期为抵御塞北游牧部落联盟侵袭而修筑的规模浩大的军事工程的统称。原始社会时期，人们就在聚居区的周围挖沟建壕，防御野兽的侵袭；奴隶社会时期，奴隶主为了保护其私有财产和防止奴隶造反，在聚居区周围修筑高墙，以便防护，从而出现了"城"。在地势平坦地带筑城，在高山峻岭处利用天险自然修筑长城及其附属工程，形成军事防御体系。各个朝代的长城的修筑都有着共同的特征——因地制宜，就地取材。八达岭的长城就地取石材修筑，而嘉峪关长城除了城楼、墩台和垛口的边角处用砖包砌之外，内部全部用黄土修筑。山海关至鸭绿江一段长城则用土石垒砌，上插柳条。沙漠地区的长城则是利用沙漠中生长的红柳枝、芦苇掺拌胶泥、沙石相间夯筑而成。

春秋战国（公元前770～前221年）时期，各诸侯国之间相互攻占自卫，地处北方的秦、燕、赵为了防御匈奴，在其北部修筑长城。公元前215年，秦始皇开始大规模地修筑长城，把原来燕、赵、魏三国边境的城墙连接起来，并增筑扩修了许多部分，筑成了一道西起甘肃临洮（今甘肃岷县），东至辽东，蜿蜒一万余里的长城。自秦以后，历经西汉、东汉、北魏、北齐、北周、隋、金、辽、明各代，都对长城进行了大规模的修筑或增建。明代是长城修筑史上的最后一个朝代，在工程技术上也有了很大的改进。经过一百多年，到公元1500年前后终于完成了东起鸭绿江，西达嘉峪关，全长12700多里的修筑工程（图3-1-1）。

宁夏，古之中国西北边防战略要地，贺兰雄踞

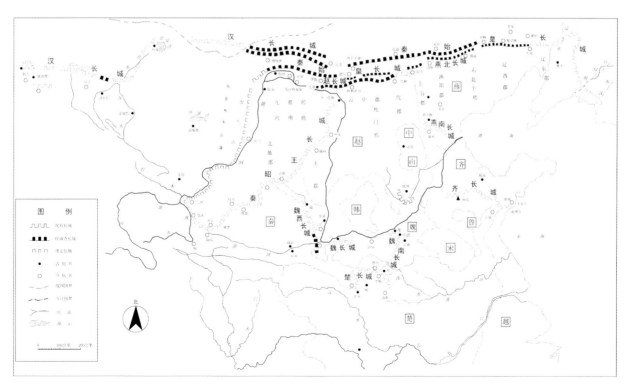

图3-1-1 中国长城分布示意图（根据《中国文物地图集·宁夏回族自治区分册》清绘）

于西，黄河险扼于东，"屏蔽陕晋，控扼河陇"，素为历代兵家必争之地。自战国时，秦灭义渠之后，秦昭王在今固原地区筑长城始，历经秦、汉、隋到明代两千多年间，由于战乱不断，为防外患，不断修筑（缮）长城，最终形成了明代的万里长城，其中宁夏段长城就是明代九边重镇中的宁夏、固原两镇所辖长城之主要地段。长城建筑年代久远，至今虽已遭到巨大破坏，但其大部分仍有残存，轮廓尚较清晰（尚可辨认）。宁夏全境6.64万平方公里面积内的20个县市中，长城城墙、营堡和墩台等遗迹遍布，这些遗迹多属夯土结构，与我国东部的砖石长城有较大差异，因此对研究黄河以西之长城，具

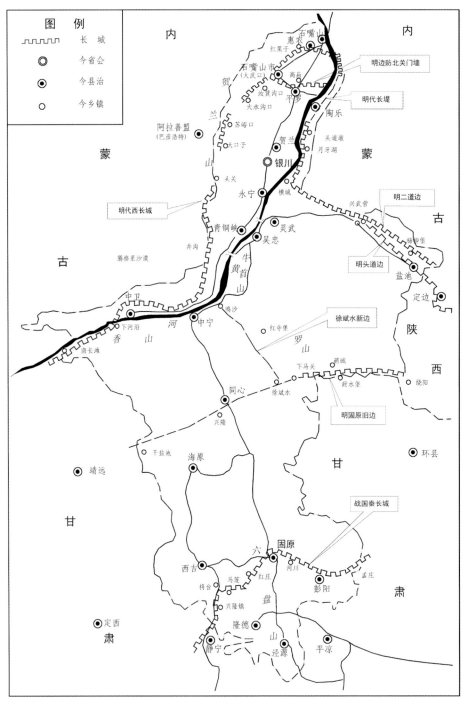

图3-1-2 宁夏历代长城分布图（根据《中国文物地图集·宁夏回族自治区分册》清绘）

有一定的代表性（图3-1-2）。

宁夏素有"中国长城博物馆"之美誉，境内现存长城遗迹、遗存丰富，种类繁多，时间跨度长，有战国秦长城、隋长城、宋壕堑、西长城、旧北长城、北长城、陶乐长堤、头道边、二道边、固原内边等，可见墙体近千公里，辅助设施2000多个。其中秦长城遗址为全国重点文物保护单位，明长城遗址为自治区文物保护单位。宁夏境内的长城构筑方式多样，尤其是明长城，不仅采用了传统的夯筑、堑险、垒砌等构筑方式，而且因地制宜，采用创新方式，形成了"品"字形窖、壕堑、苟拉壕等颇具地域特色的构筑方式（图3-1-3）。

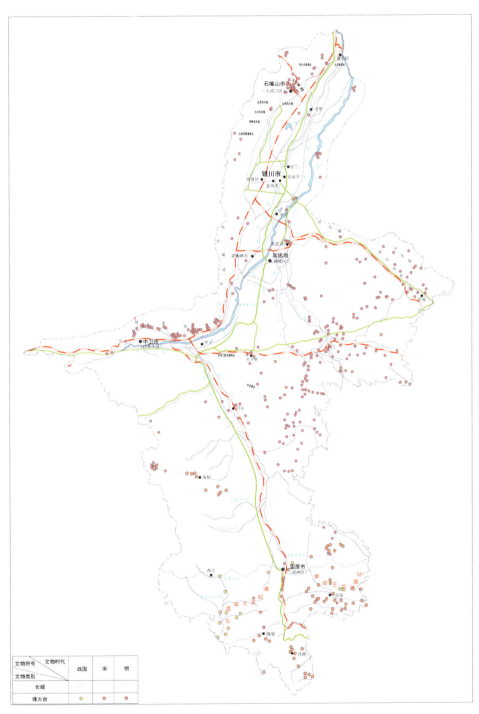

图3-1-3 宁夏长城遗址图（根据《中国文物地图集·宁夏回族自治区分册》清绘）

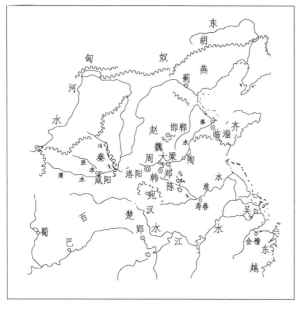

图3-1-4 宁夏战国秦长城示意图

图3-1-5 孟塬乡草滩段长城（来源：马建军提供）

图3-1-6 孟塬乡草滩韩家台烽燧（来源：马建军提供）

图3-1-7 西吉县将台乡明台段长城（来源：马建军提供）

一、战国秦长城（公元前306～前251年）

宁夏战国秦长城是"秦昭襄王长城"经过的一段，修筑时间，据《史记 匈奴列传》载，"秦昭王时，义渠戎王与宣太后乱，有二子，宣太后诈而杀义渠戎王于甘泉，遂起兵伐灭义渠，于是秦有陇西、北地、上郡，筑长城以拒胡"，史称战国秦长城（图3-1-4）。战国秦长城总体走向沿陇西（今甘肃东部）、北地（今甘肃东北部和宁夏东南部）、上郡（今陕西北部）的外围边缘，横穿今天的甘肃、宁夏、陕西、内蒙古4省区，10余个县市，整体呈西南至东北走向，总长度约1200公里。战国秦长城经过宁夏境内西吉、原州、彭阳3个县（区），12个乡（镇），39个行政村，长约200公里。现存长城主体28段，总长24199.5米，沿线敌台、墙台166个，烽燧（烽火台）29处，城障13座，城堡、关城5座。[①]其中西吉县将台乡到马莲乡张堡塬村，固原县西郊乡的长城梁到明庄、郭庄和彭阳县的长城塬到孟塬乡的麻花洼等段是宁夏南部山区长城中保存最为完整的部分。战国秦长城在宁夏南部穿越3县（区），这里属黄土高原的核心区，没有杂质的黄褐色土遂成为主要夯筑材料。主墙体分段逐层夯筑而成，夯层一般是8～20厘米，夯窝都较小，多为6～15厘米（图3-1-5～图3-1-9）。

战国秦长城除了上述较大的城址外，还有距离长城内侧仅30～50米的城障及烽火台。城障在地势平坦

图3-1-8 西吉县马莲乡牟荣段长城（来源：马建军提供）

图3-1-9 西吉县马莲乡火家沟段长城（来源：马建军提供）

图3-1-10 盐池县隋长城1（来源：马建军提供）

的地方分布较为稠密。这些城障亦称长城梁，一般呈方形，烽火台多设在重要的沟口、山巅以及长城内侧，烽火台距城障较近，只有100米左右，有的与城障建在一起。长城的修筑，基本上是利用地形、地势，因地制宜，就地取材，夯筑而成。地势较平坦处，多在城墙外侧取土夯筑，墙基较宽，自然在城墙外侧形成一道沿长城走向的堑壕。长城内壁坡度较缓，外侧墙壁陡立，断面呈梯形。在断崖地带，长城则用断壁作为墙身。"敌台"也比较稠密，间距约为200米。

二、汉长城

汉初，由于战乱将平，百业待兴，兵事正衰，匈奴数寇边地，三困陇西[②]，汉兵继续沿用秦昭襄王修筑的长城，汉武帝时（公元前127年），匈奴一度势力强大，"破长城，入朝那、萧关，杀北地都尉，火烧回中宫"[③]，事情就发生在固原地区。这个时期，汉朝已经强盛起来，一举把匈奴驱逐出河南地，筑朔方城，修缮秦时蒙恬所筑的长城，其中就包括宁夏境内南部山区这道长城。汉代中期，数万骑兵出陇西、北地两千里，北控大漠，威震匈奴。当时宁夏地区就已成为屯垦驻军的可靠后方，而汉武帝新修的长城远在宁夏之北。汉朝还修筑了许多城障，今考古发现的汉代城址遗迹遍布宁夏山川。[④]

三、隋长城

隋代仅存37年，史载修筑长城6次，其中在朔方一带3次。据《隋书·崔仲芳传》记载，隋文帝开皇五年，"使司农少卿崔仲芳，发丁三万于朔方、灵武筑城。东距河，西至绥德，绵亘七百里，以遏胡寇。"《资治通鉴》载："陈至德四年二月，丁亥，隋复令崔仲芳发丁十五万，于朔方以东，缘边险要，筑数十城。"经勘察与试掘，在灵武、盐池境内，除明代修筑的"头道边"、"二道边"外，盐池县柳杨堡上红沟梁附近与县城以东的头道边外侧，有一段长城遗迹，基宽9米，残高1～2米，墙身倾圮不堪，损毁严重，这段墙体就是隋代修筑的长城，走向是从灵武自西向东经盐池县（图3-1-10～图3-1-12）。

图3-1-11 盐池县隋长城2（来源：马建军提供）

图3-1-12 盐池县隋长城烽燧（来源：马建军提供）

图3-1-13 北岔口明长城（来源：马建军提供）

图3-1-14 北岔口明长城烽燧（来源：马建军提供）

四、明长城

明代的宁夏边防，不仅"西据贺兰之雄，东据黄河之险"，再加上一道道长城，更能发挥其防御作用，形成了坚固的屏障，对保护中央政权的稳固，曾经起到过重要作用。宁夏境内现存明长城遗迹主要有西长城、旧北长城、北长城、陶乐长堤、头道边、二道边、固原内边段等。据田野考古调查，现有墙体总长792925.11米，其中土墙422225.7米、石墙29218.7米、山险墙92561.7米、山险248919.01米，单体建筑847座，其中敌台466座、辅舍15座、烽火台366座、关堡49座、相关遗存13处，包括"品"字窖、居住址、石雕、题刻以及其他遗址。

明代修筑长城，注意总结前代的经验，在地理、地形选择，材料的使用，城墙的构造以及工程技术方面都有很大的进步。分布在宁夏西北部的明长城，多修筑在贺兰山与黄河之间的交通要冲。明嘉靖十五年（1536年）以后，还修筑了一道"徐斌水新边"，起自徐斌水，经红寺堡至鸣沙州黄河岸。其布局特点是沿山绕河，位居要冲，拱卫交通，避拒不毛。其墙体多为黄土夯筑，个别山地为石头砌筑。沿线散落着不少藏兵供养的关楼、城障、堡寨和墩台，是一条较完备的防御设施。明长城的主体基础多为自然基础，大部分墙体采取分段版筑，夯层平均厚度约为12～20厘米。固原内边的夯筑墙体整体呈土垄状，夯层较为均匀。明代长城夯筑主要用黄土，灵武市境内二道边分段的土筑长城墙体因经行区域有沙丘、山阙、沟壑、岩崖的存在，很多墙体混有较多的沙砾材料，如北长城"由沙湖西至贺兰山之枣儿沟，凡三十五里，皆内筑墙，高厚各二丈"。从残存坍塌成斜坡状的墙体遗迹看，就属黄沙土夯筑（图3-1-13～图3-1-17）。

宁夏境内古长城分布有：

图3-1-15 水洞沟明长城烽燧

图3-1-16 同心县下马关明长城（来源：马建军提供）

图3-1-17 同心县下马关明长城门洞（来源：马建军提供）

（一）东长城

起自于灵武横城堡的黄河东岸，向东南经水洞沟、横山四队入盐池高家村边缘、兴武营等地出宁夏入陕西，全长400余里。兴武营以东的长城就是河东墙东段，当地人称"二道边"。"二道边"的墙体土质多为含砂黄土。嘉靖十年（1531年），从兴武营向西至横城一段加固时放弃了原来的"二道边"，向南移动了十余里，向南经长城庄、安定堡等地，出盐池进入陕西定边县，当地人称"头道边"（图3-1-18、图3-1-19）。

图3-1-18 东长城灵武段（来源：马建军提供）

图3-1-19 盐池县东长城（来源：马建军提供）

图3-1-20 西长城赤木口三关口（三道关）（来源：马建军提供）

图3-1-21 西长城三关口长城烽火台细部构造（来源：马建军提供）

（二）西长城

明嘉靖十年，从甘肃靖远县入宁夏中卫县，逾黄河东北上贺兰山，因贺兰山面临银川平原，形成天然屏障，所以沿贺兰山沟、谷而建，凡人马可越过的地方均修筑短墙，有石砌、土筑等多种形式，从中卫南长滩至石嘴山红果儿沟长500余里。这段西长城分为四大段：第一段从景庄乡南长滩至中卫下河沿；第二段从黑林至胜金关；第三段从胜金关至赤木关；第四段从赤木关至红果儿沟。其中黑山嘴的小型山峰上，尚有一座黑山嘴墩，保存较为完整，建筑风格十分独特，屋顶为圆形穹顶，四面有箭窗和瞭望口。古代宁夏镇的"城防四险"，就是指西长城的三大关隘：胜金关、赤木关、打硙口以及设在西长城尽头、北长城外西北角的镇远关。西长城主墙体基础多为自然基础，大部分墙体采取分段版筑，夯层平均厚度约为12～20厘米。固原内边的夯筑墙体整体呈土垄状，夯层较为均匀（图3-1-20～图3-1-22）。

图3-1-22 西长城三关口长城墙体构造（来源：马建军提供）

图3-1-23 石嘴山段旧北长城（来源：马建军提供）

图3-1-24 旧北长城1（来源：马建军提供）

（三）北长城

位于贺兰山与黄河之间，包括"旧北长城"和"边防北关墙"两道。旧北长城修筑于明弘治（1488~1505年）以前，始于石嘴山红果儿沟北侧，向东抵达黄河西岸，长约30里。旧北长城中石嘴山四中至红果儿沟的一段保留较好，有一烽火台遗址，是与墩台相衔向西逶迤的一里多长的一段长城，两边用石头垒砌，中间填以碎石和沙土。边防北关墙修筑于嘉靖十年，位于平罗县以北，起自贺兰山枣儿沟，向东至黄河西岸，长约五十里（图3-1-23～图3-1-27）。

（四）陶乐长堤

陶乐长堤是东长城顺黄河向北方的延伸，修筑于嘉靖十五年（1536年）。由于比黄河东城墙低矮，

图3-1-25　旧北长城2（来源：马建军提供）

图3-1-26　旧北长城烽堠（来源：马建军提供）

图3-1-27　旧北长城烽火台（来源：马建军提供）

犹如河堤，故称"长堤"。北起蒙古巴音陶亥，过都思兔河进入宁夏陶乐，沿黄河南下到横城大边（东长城），南北纵贯陶乐县（2003年撤销）境。陶乐长提调查墙体5段，全长81123米，可见墙体约7886米，沿途分布敌台3座、烽火台10座。在红崖子乡王家沟村残存一段长331米的墙体，建在南北走向的沙梁之上，利用黄沙土及少量石块混筑，墙体最宽处42米，窄处23米，顶宽8米左右，高4米。

第二节 军事堡寨

堡寨与城池一样，泛指古代用于军事防御的建筑物，是军事工程的重要组成部分。堡寨由堡与寨两部分组成，通常比城池的建筑规模要小很多。堡是指土筑的小城，在中国历史上有堡、坞、壁、垒、营、寨等区分；寨，古代是指用于防卫的木栅，实为军营驻地。堡寨在宋代成为沿边设置的军事行政单位。古代宁夏的堡寨建设基本与城池同期，进入11世纪，宁夏平原成为西夏的"京畿"。宋与西夏边境犬牙交错、边界千里。双方出于军事斗争和防御的需要，在边境地区建设了大量的城、寨、堡。城的规模最大，寨次之，堡最小。城、寨、堡均筑有围墙。每寨下辖有若干堡，平时保护各堡安全，战时则随时供调遣，故宁夏境内的宋夏堡数量过百。明长城分九边十一镇分段设防，各段墩台林立、城寨密布。这一时期，宁夏战事频繁，因军事需要，除了历史上保留下来的遍及山川各地的堡寨建筑外，又修筑了大量用于驻军防御的小城堡，且多以文武官员的姓名为堡名，如黄铎堡、张易堡等。

军事堡寨是古代军事工程体系的重要组成部分，是历代战争和战斗的重地，也是古代历史文化遗存。自古以来，历代王朝都很重视城池、堡寨的修筑。宁夏地区，自秦汉至明清，为历代边远州郡属地，亦为历代各民族角逐的争战场所，故自秦汉以来战争频繁，宁夏境内堡寨林立。

明代宁夏驻军达7万余人，仅宁夏平原就有156个驻军的堡寨，即"村落多土坦环山寺，兀为堡寨"。根据明《弘治宁夏新志》所载所属堡寨有汉坝堡、叶昇堡、任春堡、王宏堡、王泰堡、杨和堡、河西寨、河东寨、李祥堡、金匮堡、潘敞堡、陈俊堡、蒋鼎堡、邵刚堡、林皋堡、瞿靖堡、李俊堡、王全堡、魏信堡、张政堡、王澄堡等280处。《嘉靖宁夏新志》卷三记载：磁窑寨，城周回二百一十丈，南门一；清水营，城周回一里许，弘治十三年王珣拓之为二里；红山堡，周回一里许；毛卜剌堡，周回一里七分，高二丈三尺等。

一、镇北堡

明朝，银川是九边重镇之一，统治者在银川周围修建了很多堡寨，驻兵把守。根据明朝《嘉靖宁夏新志》记载："北自平虏城，南抵大坝，沿山空旷三百余里。虏入境，视入无人之地。镇城迤西，恒受其患。弘治十三年巡抚都御史王珣奏委指挥郑玘筑之，置步兵二百名守哨"，可以推知，镇北堡在当时国家西北战略上的重大意义。

镇北堡，位于宁夏银川市区西北35公里处，贺兰山脚下，有明、清两座堡址。其中明堡为自治区文物保护单位。

两座堡是明清时期为防御贺兰山以北的南侵势力入侵府城（银川城）而设置的驻军要塞，镇北堡也因此得名，当地称之为"旧堡"和"新堡"，两堡一南一北，均坐西朝东。旧堡为明弘治十三年（1500年），巡抚王珣奏、指挥郑玘修筑，是明代长城沿线重要的军事城堡。该城为黄土夯筑而成，遗址呈正方形，东西长175米，南北宽160米，虽风蚀殆尽，但形制尚存，西、北两面墙壁保存稍好，东南面墙体毁损严重，残高3～9米不等，顶宽4.8米。东面城墙正中有一缺口，应为城堡之门，门外有瓮城的遗迹（图3-2-1、图3-2-2）。

镇北堡新堡（清）位于旧堡子东北面，据考证，新城堡是在旧城堡毁于清乾隆三年（1738年）大地震后，于乾隆五年（1740年）重修的，保存基本完好。新堡东西长170米，南北宽150米，墙体由

图3-2-1 镇北堡明堡城楼

图3-2-2 镇北堡明堡堡墙

图3-2-3 镇北堡清堡全景

夯土筑成，高8.5～9.5米，并筑有1.5米高的垛墙垛口。东墙正中设有青砖砌筑的拱形门洞，上面建有敌楼。门外设有瓮城，瓮城门朝西南。西墙正中有跨墙墩台，四角留有角台遗迹（图3-2-3～图3-2-5）。

二、红山堡

在宁夏灵武市的临河镇，现存我国惟一保存完整的古代立体军事防御堡垒——红山堡藏兵洞。红山堡位于刀削斧劈似的大峡谷上，建于明朝正德

图3-2-4　镇北堡清堡城楼

图3-2-5　镇北堡清堡堡墙

十六年（1521年）。据史书记载，红山堡驻军最多时达1251名，设守堡将军1名，领烽堠8墩。红山堡是长城防御体系的城障，土筑城垣，周约一里有余，仅有东门套着瓮城，瓮城门洞由石砖垒砌，如今依然坚固。"藏兵洞"位于峡谷的两侧，并与长城、城堡共同构成一个完整、科学的防御体系（图3-2-6、图3-2-7）。

"藏兵洞"是明代修建的庞大坑道系统，易守难攻，该工事曾在当时为防御鞑靼、瓦剌游牧民族入侵而发挥重要的作用。地洞分上下两层，两层之间有垂直木梯相通，总长度在3公里左右，目前仅清理出约1200米，面积为3000余平方米，仅占"藏兵洞"总量的四分之一（图3-2-8）。藏兵洞内坑道蜿蜒曲折，左旋右转，上层连下层，短洞接长洞，洞内遍布陷阱和机关。坑道一般高2米，宽约1米，又设丈余深的陷阱，若有进洞之敌，只能单

图3-2-6 红山堡

图3-2-7 红山堡瓮城

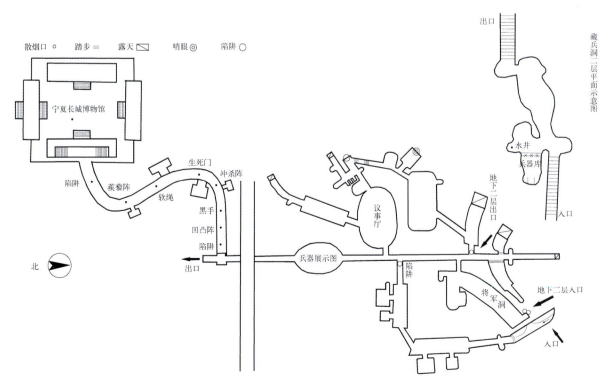

图3-2-8 红山堡藏兵洞平面示意图

人而入，洞内守军只要守在陷阱的对面，即可"一夫当关，万夫莫开"。除了坑道这个主体工事之外，"藏兵洞"里还拥有功能完备的军事生活设施，包括卧室、厨房、粮仓、炮台、瞭望口、火药库和兵器库等，其通风采光设计合理。厨房建造得十分巧妙，洞内生火煮饭的炊烟可通过专用烟道排出洞外，隐匿而不易被外人察觉。洞内还挖掘了饮用水井，因此只要储藏足够的食物，军队便能够在洞里坚守一段时期。此外，洞口高出峡谷谷底10多米，"藏兵洞"从未因山洪暴发而被淹没。据称，同时拥有长城、城堡、"藏兵洞"的立体防御架构的古代军事建筑，目前我国仅存宁夏灵武红山堡一处。

三、横城堡

横城堡位于灵武县城北35公里处。西临黄河，北靠明长城，南距横城古渡2公里，与银川相距10公里，市文物保护单位。

横城堡是宁夏明长城河东段的西起点，在今灵武市临河乡横城（黄河东岸），在明清两代，是一座临河（黄河）的兵营，是兵屯重镇和重要的黄河军事渡口，也是明清灵武市八景之一的"横城古渡"的旧址。

史书记载，横城为明朝正德二年（1507年），由右都御史杨一清负责修筑，周回一里许。之后又有巡抚杨时宁负责包裹砖石。清乾隆初，宁夏发生大地震，城池损坏严重，乾隆六年（1741年），拨银3335两重新维修。明朝时，横城为灵州的屏障，驻有重兵。清朝时，横城虽不为边防重地，但仍驻军设防，且是当时非常重要的水旱码头，内蒙古、陕北、宁夏东部山区的土特产品由这里装船运往包头，自包头运来的布匹、日用杂品由这里批发到各地，横城不仅是战略要地，还是货物运输的集散地。城内现住有7户人家。城平面为正方形，边长280米，墙体外层砖包，墙基宽7米，顶宽4米，高3.5米。城门在南墙设瓮城，向东开砖券拱形城门，门洞深14.5米，高、宽各4米（图3-2-9）。

第三节 民间堡寨

民间堡寨是古代先民抵抗外部冲突，为求安全而营建的一种防御性聚落。其寨墙高筑、环形设防的建筑形态，在古代中国长期而广泛地存在着。

民间堡寨的选址注重易守难攻的军事防卫性的同时，还要具备保证相对正常的生产与生活的条件，谋求经济的自给自足。故宜守、宜农的军事性与经济性是建立堡寨所要考虑的因素。堡寨的建设

图3-2-9 横城堡

图3-3-1 洪岗子堡子外景

注重防御性,除了趋向地势之利外,更重要的是防御工事本身的建构。两汉与魏晋南北朝时期的坞堡就已开始注重聚落外围的墙体与壕沟等人工防御构筑的营建。民间堡寨的规模,从居住户数来看,少则数十家,多则上千家,甚至数千家,一般为百家。

今天,在宁夏南部山区的台塬、山梁上还有一些依稀可辨的土堡,静静地矗立在那里,仍然有许多以"堡"为名的地方,如贺家堡、满四堡、李旺堡、予旺堡、兴隆堡等。这些堡子是历史上各族人民为躲避战乱和土匪而建的民居,其建筑方式是就地取生土筑墙。堡子多数为方形平面,四角设有望台。土堡较为集中地分布在宁夏西海固地区各县市。堡寨四周用封闭厚重的夯土墙体作围墙,有的在四角建有角楼。堡寨外墙自下而上明显收分,呈梯形轮廓。夯实的黄土墙与周围黄土地融合在一起,显得稳固、浑厚、敦实、朴素。堡寨内部庭院宽敞明亮,其周围布置房屋、檐廊,大门沿中轴线或偏心布置。小型土堡子多采取单层三合头式庭院布局,而大型土堡多采用四合院布局,内多跨院,建筑以两层居多。

一、洪岗子堡子

洪岗子堡子位于同心县下流水乡洪岗子村。是新中国成立前虎夫耶洪门道堂所在地。堡子建于民国年间,黄土夯筑而成,堡子为青砖拱形大门,门楣上有洪维宗用阿拉伯文题写的匾额。堡子原先是典型的西北回族民居建筑,深门浅窗,飞檐斗栱,雕梁画栋,砖雕和木雕十分精美。这里曾有洪门创始人洪寿林办道修身的"静房"。1936年中国工农红军西征时,洪老太爷在此热情接待了两名红军战士,并把他们藏在自己的"静房",躲过了国民党的监视与威胁。目前堡子作为宁夏红色旅游景点,进行了重新修复(图3-3-1、图3-3-2)。

二、九彩坪堡

九彩坪堡位于海原县九彩乡，建于民国。平面呈正方形，边长120米，堡子四个角上各有一个高房子，大门为绿色拱形，两侧有一对石雕狮子。堡墙高8米，顶宽2米，基宽5米，黄土夯筑，夯层厚13～14厘米，开南门。堡内现有"嘎德忍耶"门宦礼拜大殿、东、西厢房等，保存完整。

九彩坪堡是嘎德忍耶九彩坪门宦道堂的重要组成部分，堡子内有大小房间上百间，有接待室、沐浴室、厨房以及本门宦掌柜的居住室，每年一度的"尔曼里"盛会就在此举行。堡子具有自给自足的经济系统，但即便有充足的粮食储备，也不能长时间供养全堡人马，因此，在堡子的经营上力求满足自给自足，一般在堡子墙外建有羊场子、菜园子、果园子，门外还栽有核桃树、苹果树、梨树等经济林。堡内布局十分重视空间艺术和环境处理。尽管堡寨的防御功能很重要，但是其院落的组合、建筑院内外的环境处理也非常有特色。院落空间则相对灵活，院子内外树木花草、鸡鸭牛羊成群，颇有世外桃源之感（图3-3-3、图3-3-4）。

图3-3-2　洪岗子堡子内景

图3-3-3　九彩坪乡嘎德忍耶堡子

图3-3-4　九彩坪乡嘎德忍耶堡子内景

三、王团北堡子

王团北堡子，陕甘宁省豫海县回民自治政府旧址，位于同心县王团镇北村，自治区文物保护单位。

根据堡内碑文，王团北堡子原为团庄富绅王学成、王学富兄弟所筑，初建于1919年。1935年5月18日，中央军委发布命令，任命彭德怀为司令员兼政委，组成"中国人民红军西方野战军"，从陕北的延川、延长一代出发，向甘肃、宁夏一带挥戈西征。6月21日，西征红军十五军团七十三师和回族独立师进占同心城、王家团庄一带。红军占领王家团庄北堡子后，先为回民独立师师部驻扎，后又为红二师师部驻扎。1936年10月22日，陕甘宁省豫海县回民自治政府在同心清真大寺宣告成立后，政府机关设在王家团庄北堡子。在这里，政府主席马和福主持召开了政府第一次会议，任命了政府八个部委委员，安排了筹粮筹款，支援前线，迎接红二、红四方面军等政府主要工作，草拟发布了自治政府的第一份公告——《告北圈子四周围同胞书》。红军三大主力会聚同心城后，中央指示成立前敌总指挥部，彭德怀任总指挥，统一指挥三军，朱德、彭德怀、张国焘、贺龙等三军首长还在这里研究部署了三军会师后的统一行动。

堡子平面约呈方形，南北长49.8米，东西宽50.8米，面积2206.8平方米。西墙正中开一大门，堡墙东南、西南、西北角各设一马面，唯有东北角为垂直相交的堡墙。堡墙顶宽2.3米、2.6米及2.8米不等。大门内以北紧贴堡墙设一台阶通向墙顶，台阶附近设水井一眼。堡内设十字交叉的东西南北各一条主要道路，主要建筑为单坡顶平房，坐北朝南，附属建筑为坐东朝西的五孔独立式窑洞以及大门南侧的几间单坡屋顶平房（图3-3-5~图3-3-8）。

图3-3-5 王团北堡子大门

图3-3-6 王团北堡子外观

图3-3-7 王团北堡子堡墙

图3-3-8　王团北堡子内景

注释

① 冯国富，海梅.固原战国秦长城调查[J].宁夏师范学院学报，2009（4）：125.

② 马建华，张力华.长城[M].兰州：敦煌文艺出版社，2004：19.

③ 司马迁.史记：匈奴列传第五十.[M].北京：中华书局，1975：2901.

④ 钟侃.宁夏回族自治区文物考古工作的主要收获[J].文物，1978（8）：54-60.

宁夏古建筑

第四章 寺庙宫观

宁夏寺庙宫观分布图

（地图引自：中华人民共和国民政部编.中华人民共和国行政区划简册2014.北京：中国地图出版社，2014.）

- ❶ 海宝塔寺、海宝塔
- ❷ 承天寺、承天寺塔
- ❸ 中卫高庙
- ❹ 北武当庙
- ❺ 马鞍山甘露寺
- ❻ 牛首山寺庙群
- ❼ 滚钟口寺庙群
- ❽ 地藏寺
- ❾ 银川玉皇阁
- ❿ 平罗玉皇阁
- ⓫ 灵武高庙
- ⓬ 雷祖庙
- ⓭ 须弥山石窟
- ⓮ 石空寺石窟
- ⓯ 无量山石窟
- ⓰ 灵应山石窟
- ⓱ 火石寨石窟
- ⓲ 天都山石窟
- ⓳ 石窑寺石窟
- ⓴ 拜寺口双塔
- ㉑ 一百零八塔
- ㉒ 鸣沙洲塔
- ㉓ 镇河塔
- ㉔ 康济寺塔
- ㉕ 宏佛塔
- ㉖ 璎珞宝塔
- ㉗ 多宝塔
- ㉘ 田州塔
- ㉙ 华严塔

第一节 概述

宁夏历史上曾经出现过多种宗教，比较重要的有佛教、道教和伊斯兰教。

佛教传至宁夏的具体时间已不可考。研究表明，佛教在魏晋南北朝时期就已流传至宁夏，距今已有1600多年的历史了。由于宁夏地处丝绸之路北路，是河西走廊与中原往返的交通要冲，也是佛教东渐必经之地。宁夏境内保留至今的佛塔、石窟以及众多的佛教雕塑的发现，充分证明了佛教在当地的盛行。

魏晋南北朝时期，佛教在宁夏传播的标志之一是佛塔的修建。宁夏历史上最早的佛塔是银川海宝塔（也称黑宝塔、赫宝塔）。关于该塔修建年代的最早记载，见于明《万历朔方新志》："黑宝塔，赫连勃勃重修。"清代《乾隆宁夏府志》也记载，海宝塔"盖汉、晋间物矣"。上述记载说明该塔的兴建历史较早。有专家研究认为，该塔高台式塔基、平面呈方形的塔身等形制，反映出隋唐以前我国古塔的特点。

佛教在当时宁夏的传播还表现在石窟寺的开凿方面。魏晋南北朝，佛教在中国迅速发展，并得到了统治阶级的提倡和扶持，成为全国上下争相崇信的"国教"，盛极一时。学界通常认为，宁夏佛教历史上最早的石窟是固原须弥山石窟，开凿于北魏孝文帝太和年间（公元477~499年）。

唐代是宁夏固原须弥山历史上凿窟数量最多的时期，约有80余窟，其造像艺术也达到了空前的水平。其中第5窟是著名的须弥山大佛，气势宏伟，为全国最大的石窟之一，也是须弥山唐代石窟的代表作，充分体现了唐代佛教雕塑艺术的高度成就。

除须弥山石窟寺外，唐代宁夏各地大兴土木，新建、扩建了许多石窟、寺院。位于今宁夏吴忠境内的牛首山寺庙群即开凿于唐代。据清光绪年间"重修滴水寺碑记"记载，牛首山寺"创建于唐代贞观（公元627~649年），重修于明代万历（1573~1620年）"。

到了宋代，佛教格局发生了重要变化，中原佛教虽继续传播，总体上却每况愈下，逐渐衰微，但宁夏佛教依然兴盛，尤其是西夏王朝统治时期，宁夏境内汉传佛教、藏传佛教、西域佛教并行传播，香火旺盛，佛事不断，僧徒遍地，寺庙林立，达到了历史最盛时期。

西夏诸帝大多提倡、信奉佛教，尤其开国皇帝李元昊本人"晓浮图法"，不遗余力地扶持佛教，促进了佛教在宁夏的发展。西夏统治时期，京都兴庆府（今宁夏银川）是其佛教中心，佛寺较多，佛教活动较盛。北宋宝元元年（1038年）李元昊在兴庆府境内大修佛寺和宝塔。北宋庆历七年（1047年），西夏兴建规模宏大的佛教寺庙——高台寺，贮存大藏经，并由回鹘僧人翻译成西夏文。明代，该处还存有遗址，台高三丈。此外，银川地区还有著名的佛教寺院：戒坛寺、海宝塔寺、贺兰山佛祖院、五台山寺、慈恩寺等十余处。

明代宁夏境内佛寺林立，主要的寺院为：宁夏卫有宁静寺、承天寺、土塔寺、永祥寺、高台寺，中卫有石窟寺、米钵寺、羚羊寺、弩兀刺寺，灵州有永静寺、兴教寺、石佛寺共12所佛寺。当时的方志中不可能对遍布各地、大小不一的寺院搜罗无遗，故上述寺院只是当时宁夏众多寺院中的一部分。在明代，须弥山、石空寺、牛首山等已成为颇有影响的佛教圣地，其中须弥山石窟寺地位显赫，是固原八景之一，尤为明朝统治者所重视，进行了多次修葺。明代是其历史上继唐之后又一兴盛期。

清朝康熙、乾隆时期，佛教迅速发展，在一些原先儒、释、道三教合一的寺庙中，佛教开始占据主导地位。乾隆年间（1736~1795年），武当山寿佛寺大兴土木，修建了太和殿和大佛殿。到嘉庆时期，连接大佛殿和无量殿的两个配殿落成。乾隆时期，中卫一地就有佛教寺院11座之多。由此可以推想，当时宁夏全境内有众多佛教寺院。

道教是中国固有的宗教，是发源于古代中国的传统宗教，至今已有1800多年的历史，它与中华本土文化深切结合，根植于华夏沃土之中，展现着鲜明的中国特色，并对中华文化的各个层面产生了深远影响。道教的宗教形式是一个崇拜诸多神明的多神教，追求得道成仙、救济世人是其主要宗旨，它是中国古代文化的综合体。道教建筑多数布局和形式遵循传统宫殿建筑、佛教建筑，即以殿堂、楼阁为主，以中轴线对称布局，与佛教建筑相比规模一般较小，不设佛塔、经幢等。

宁夏道教建筑较之佛教建筑数量少，1999年的统计数据为10座道观，但现存的都规模较大。宁夏的宗教建筑除伊斯兰教外，儒、释、道三教合一的较为多见，例如中卫高庙、平罗玉皇阁等，建筑群体量巨大，风格多样，布局巧妙、自由，内部空间复杂多变，屋顶样式丰富多变，是古建筑中难得的精品。

第二节　佛教寺庙

一、海宝塔寺

海宝塔寺位于银川市兴庆区以北，因寺中坐落的海宝塔而得名。寺内的海宝塔是全国重点文物保护单位。寺庙坐西朝东，主要建筑有山门、天王殿、大雄宝殿、玉佛殿、卧佛殿等，都建在东西向的轴线上（图4-2-1）。山门是整座建筑群的入口空间，由三座门建筑组成，门与门之间由矮墙相连（图4-2-2）。正中的山门体量较大，高度约为8米，为带斗栱的单檐硬山屋顶建筑，两侧门较矮、体量较小，为无斗栱硬山屋顶建筑。由于利用了建筑体量大小对比和院落空间形态的变化，轴线虽长而不觉呆板。

通过山门进入第一进院落，东边是钟楼，西边是鼓楼，钟鼓楼的建筑形制相同，均为方形平面，面阔三间，重檐歇山顶的二层建筑。院落正中是天王殿，面阔三间，带前廊，硬山屋顶，西面明间出厦，抱厦为卷棚歇山顶。第二进院落的主体建筑是大雄宝殿，建在低矮的砖石台基上，西面明间出三间抱厦，主体建筑面阔五间，开间大小从明间、次间到梢间依次减小，两侧梢间均以砖雕墙装饰，进深五架椽，屋顶为两组硬山屋面勾连搭

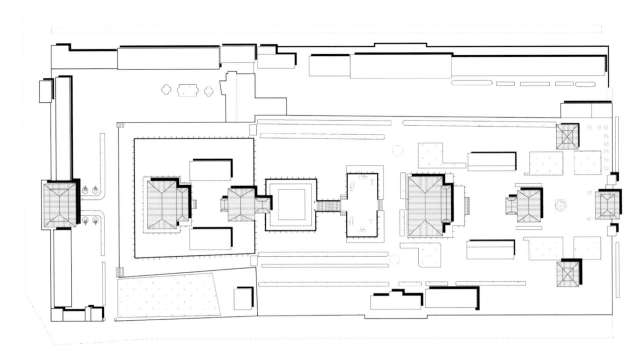

图4-2-1　海宝塔寺总平面图

图4-2-2 海宝塔寺山门

图4-2-3 海宝塔寺钟楼

图4-2-4 海宝塔寺鼓楼

（图4-2-3～图4-2-5）。

　　第三进院落则是以耸立于大雄宝殿与玉佛殿之间的海宝塔为主体建筑。塔为方形九层十一级楼阁式砖塔，由塔基、塔身、塔刹三部分组成（图4-2-6）。底层即塔座，中辟券门，抱厦一间，为塔的出入口。抱厦的卷棚歇山顶起翘较高。

　　玉佛殿通过一个带有卷棚歇山顶的小抱厦连廊在空中与塔基相连，玉佛殿为硬山屋顶，东面有檐

图4-2-5 海宝塔寺大雄宝殿

廊,两侧山墙上开有门洞,通过两个门洞到达小院(图4-2-7)。

卧佛殿则位于第四进院落的末端,硬山屋顶,带有卷棚顶的小檐廊。两侧配房面阔五间,硬山顶,带前廊,明间辟门。僧院内设有藏经阁和僧房。藏经阁位于整个建筑群轴线的末端,是两层楼阁式建筑,歇山屋顶,平面柱网为副阶周匝,面阔三间。僧房则居于两侧,为硬山式。

二、承天寺

承天寺位于银川市区的西南部,它与甘肃武威的护国寺、张掖的卧佛寺等都是西夏时期著名的佛教圣地。承天寺在元、明时,曾遭受天灾、战祸,直到清嘉庆二十五年(1820年),又重修了承天寺,得以保留至今。寺内的承天寺塔是全国重点文物保护单位。

寺院坐西朝东,院落东西长200米,南北宽约100米。院内自东向西主要建筑有山门、五佛殿及

图4-2-6 海宝塔

图4-2-7 海宝塔寺玉佛殿

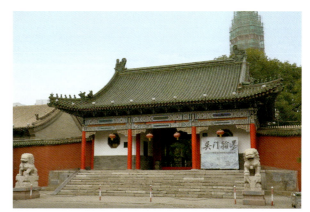
图4-2-8 承天寺山门

图4-2-9 承天寺井亭

其配殿、承天寺佛塔、韦驮殿、卧佛殿及其南北配殿等。寺庙建筑群由前后两进院落组成。由山门进入前院是五佛殿和承天寺塔；后院有韦驮殿和卧佛殿。韦驮殿门两侧各有一座重檐砖雕垂花门。承天寺内的建筑以承天寺塔最为出名，当地人称之为"西塔"，始建于西夏天祐垂圣元年（即北宋皇祐二年，1050年），塔平面为八角楼阁式砖塔，共11层，高64.5米，塔外各层檐角挂有铁铃，塔门朝东开启，室内为方形结构，有木梯可盘旋而上（图4-2-8～图4-2-11）。

三、中卫高庙

中卫高庙位于中卫县城北，始建于明永乐至万历年间（1403～1619年）。现存建筑为清咸丰八年（1858年）和20世纪40年代重修、增建所成，全国重点文物保护单位。

图4-2-10 承天寺亭子

图4-2-11 承天寺塔

中卫高庙占地1.6万平方米，共260多间房屋。整个建筑群分为保安寺和高庙两部分，保安寺在前，高庙居后，建筑群坐北朝南，整体呈现南低北高，主要建筑位于南北中轴线上。保安寺由山门、弥勒阁、大雄宝殿、地藏宫、三霄宫、配殿组成；后边是高庙，由南天门（砖雕牌楼）、东西天池、九楹三层中楼和正楼、钟鼓楼、四仙阁、观景台组成，相互之间有天桥走廊勾连相通（图4-2-12）。

由南进入保安寺山门，山门两侧有厢房，其上是魁星楼，迎面是双层砖雕牌坊（又叫弥勒阁）。上十五

图4-2-12 中卫高庙鸟瞰

级台阶,有单檐歇山顶大雄宝殿,内奉释迦牟尼坐像;宝殿东侧为地藏宫,西侧为三霄宫;东、西配殿塑有十方佛和二十四诸天(图4-2-13、图4-2-14)。

大雄宝殿后面即为高庙。先经由二十四级台阶到南天门,台阶的前一半为天桥状,并有仿木砖砌牌楼一座,天桥两侧建有对称的重檐歇山顶围合

图4-2-13　保安寺山门

图4-2-14　保安寺主体建筑正面

建筑，形成两个天池，东面为"东天池"，西面为"西天池"，通过天桥下的圆形隧洞互为连通。南天门后以飞桥连接三层三重檐的四坡顶中楼一座，其底层绘有二十八星宿，中层塑有观世音菩萨和接引佛像，上层塑有太白金星；中楼两侧有钟鼓楼、四仙阁、观景台。中楼之后为一座三层三重檐歇山顶，总高29米的阁楼，为高庙最高大的建筑。其底层为五岳殿，其东、西两侧各有三官殿、祖师殿配殿；由配殿登木梯上至阁楼二层，为玉皇楼，内塑玉皇大帝像；登上三层为三清宫，内塑道祖老子像，并有"天女散花"、"嫦娥奔月"、"玉阙仙宴"等彩绘（图4-2-15～图4-2-21）。

高庙内砖雕牌坊上雕刻有一对联，上联是"儒释道之度我度他皆从这里"，下联是"天地人之自造自化尽在此间"，横批是"无上法桥"。由此及庙内造像内容看，高庙是一座儒、佛、道三教合一的古寺庙（图4-2-22）。

中卫高庙里精工细刻的彩画、砖雕、石雕等建筑装饰充分体现了古建筑的特征，具有较高的古建筑艺术价值（图4-2-23～图4-2-27）。

四、北武当庙

北武当庙，又名"寿佛寺"，位于石嘴山市大武口区韭菜沟口。寺庙始建年代无考，清乾隆、嘉庆年间扩建，自治区文物保护单位。

寺庙依山而建，北靠贺兰山，东临黄河，占地12000平方米，建筑面积4300平方米，寺庙建筑群坐北朝南，中轴线上由南而北依次为山门、灵官殿、观音楼、无量殿、多宝塔、大佛殿，两侧有配殿、僧房、回廊、钟鼓楼。寺庙建筑群高低错落，前后

图4-2-15　中卫高庙南天门

图4-2-16　中卫高庙观音楼

图4-2-17　中卫高庙天王殿

图4-2-18　中卫高庙西方三圣殿

图4-2-19　中卫高庙关公楼

图4-2-20　中卫高庙十二周天

图4-2-21　中卫高庙文昌阁

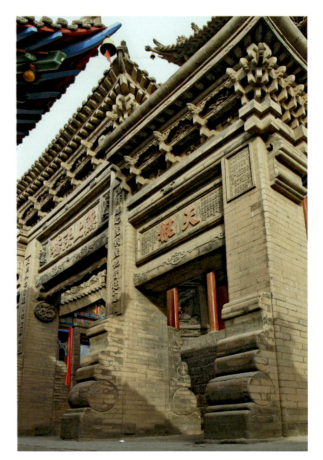

图4-2-22　中卫高庙牌坊

图4-2-23　中卫高庙彩画

图4-2-24　中卫高庙南天门角科

图4-2-25 中卫高庙砖雕

图4-2-26 中卫高庙墀头

图4-2-27 中卫高庙石雕神像

有序，庄重威严，结构紧凑，布局合理，非常壮观。

寺庙是由四进院落组成的建筑群体，进了山门即是第一进院落，正中的灵官殿，是面阔三间，带前廊的卷棚歇山顶建筑。院落的东西向对称布置着三层十字歇山顶的钟楼和鼓楼，穿过灵官殿，进入第二进院落，主体建筑为重檐歇山顶的二层观音楼，东西对称布置着单檐硬山顶的配殿，第三进院落则是以平屋顶作为抱厦的前低后高勾连搭歇山屋面的无量殿，平屋顶部分明显是后期加建的，但由于衔接自然且屋顶形式又与宁夏地区干旱少雨的气候相适应，可谓符合地域特色的创新设计。最后一进院落则是以多宝塔和大佛殿为中心的。大佛殿前矗立着的多宝塔为5层砖砌的楼阁式塔，高25米，平面呈折角四边形，边长5.25米，每层四面设有券门或佛龛，刹座为覆斗状，刹顶为桃形攒尖式。其结构与银川市的海宝塔十分相似，只是比海宝塔矮小，但仍是古朴壮观（图4-2-28～图4-2-36）。

图4-2-28 北武当庙山门

图4-2-29　北武当庙第一进院落

图4-2-30　北武当庙鼓楼

五、马鞍山甘露寺

马鞍山甘露寺位于宁夏黄河东岸河东机场东侧,《灵州志迹》记载:"马鞍山,灵州山名,在州东北50里,形似马鞍,因此得名。"据存碑记载:甘露寺建于明代,原名"甘露庵",清康熙六年(1667年)曾予重建。民国十二年(1923年)重修,更名为马鞍山甘露寺,1979陆续重建寺庙。

全寺占地近20000平方米,由南向北依山而建,整个建筑群布置在四个逐渐升高的大台基上,最低处是第一道山门,是新近建设的,此山门的主体建筑位于正中,面阔五间,重檐歇山顶,两侧对称布置着体量较小的两个单檐歇山顶建筑。第一进院落的主体建筑是第二道山门(原寺庙的山门),中部为较高的带前廊、面阔三间的单檐硬山顶建筑,两侧是较低矮的小体量的单檐硬山顶的门。院落的东西两侧对称布置着三层六角攒尖顶的钟楼和鼓楼,

图4-2-31 北武当庙灵官殿

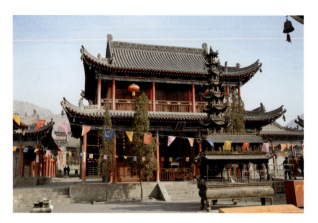
图4-2-32 北武当庙观音楼

图4-2-33 北武当庙客堂

图4-2-34 北武当庙无量殿

图4-2-35 北武当庙大雄宝殿

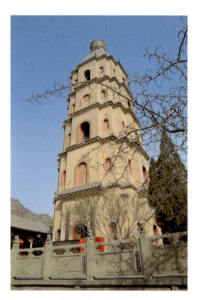
图4-2-36 北武当庙多宝塔

穿过二山门便进入第三个大台基上布置的带前廊、面阔三间的卷棚硬山顶的大雄宝殿，内塑弥勒佛像、韦陀佛像，轴线最北端的高台上是藏经楼大悲阁。藏经楼是建筑群空间布局中的高潮，建筑极尽华美，平面呈长向十字形，三层歇山顶，屋角起翘颇高，是宁夏地区典型的翼角做法。一、二层檐下斗栱简化为甘、宁地区常见的"花牵"，三层（最高层）除柱头处各施一攒斗栱外，柱间又各施两攒平身科斗栱，用材纤细，装饰性极强，角科斗栱更是繁密。寺院东部有砖塔一座，上书"多宝塔"。塔为5层，高约7米，这样在偏院布置佛塔的佛寺布局在宁夏地区较为少见（图4-2-37～图4-2-49）。

图4-2-37　马鞍山甘露寺

图4-2-38　马鞍山甘露寺远景

图4-2-39　马鞍山甘露寺山门

图4-2-40　马鞍山甘露寺鼓楼

图4-2-41　马鞍山甘露寺钟楼

图4-2-42　马鞍山甘露寺大雄宝殿

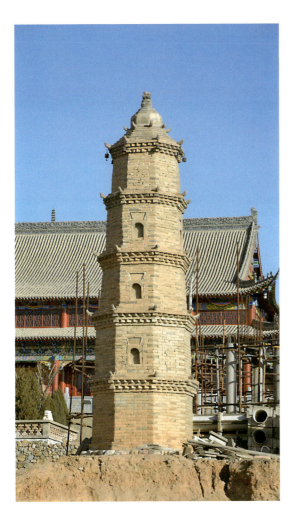

图4-2-43　马鞍山甘露寺多宝塔

图4-2-44　马鞍山甘露寺藏经楼

图4-2-45　马鞍山甘露寺藏经楼屋顶

图4-2-46 马鞍山甘露寺藏经楼角科

图4-2-47 马鞍山甘露寺藏经楼三层翼角

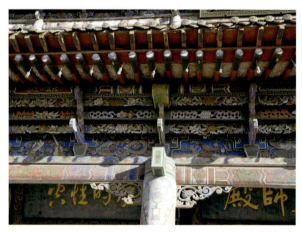
图4-2-48 马鞍山甘露寺藏经楼木雕及彩画

图4-2-49 马鞍山甘露寺大殿山墙墀头

六、牛首山寺庙群

牛首寺，位于宁夏吴忠市利通区西南约20公里的牛首山。自治区文物保护单位。

牛首寺是牛首山众多古寺庙的总称，牛首寺庙群先后建于明、清至民国时期。牛首山寺庙群多为就地取石伐木修建，各显特色而又风格统一，因山就势，因地制宜，布局手法独到，规模气势宏大，为宁夏境内庙宇集中最多的古建筑群。

寺庙群分为东寺和西寺两大庙群，两大庙群相距约10公里（图4-2-50）。

图4-2-50 牛首山寺庙群

东寺以金塔寺为中心,其东南西北四周的山坳、山崖、山巅、山腰等处分别建有娘娘庙、大鸿庵、保安寺、青峰寺、苦工庙、药王庙、睡佛洞、还魂堂、观音堂、三佛殿、四量庵、西方境、龙泉寺、山神庙、十王殿、太阳宫、无量殿等庙宇建筑。据清初碑文记载,东寺大部分庙宇始建于明弘治之前至明嘉靖年间;明万历至清初曾重修重建(图4-2-51~图4-2-55)。

太阳宫为两进院落,建筑群轴线为南北向,大门在西面,第一进院落是辅助用房,青砖硬山屋顶,通过五级台阶到达主要院落,大殿坐南朝北,由三霄殿、玉皇殿、娘娘殿和药王殿组成。大殿的北面正对观音殿,东西两边配殿皆为平屋顶单层建筑(图4-2-56~图4-2-60)。

西寺建在牛首山西麓峡谷中台地上,以万佛阁、睡佛殿、净土寺、三教堂为核心。向谷地及山顶四周延伸又建有大鸿庵、观音台、极乐寺、滴水寺、万寿庵、地喑塔、文殊殿、弥陀殿、普贤殿、

图4-2-51 牛首山金塔寺

图4-2-52 牛首山赵家寺娘娘庙

图4-2-53 牛首山青峰寺

图4-2-54 牛首山西方镜与普光寺

图4-2-55 牛首山无量殿

图4-2-56 牛首山太阳宫

图4-2-57 牛首山太阳宫院落

图4-2-58 牛首山太阳宫大殿

图4-2-59　牛首山太阳宫观音殿

图4-2-60　牛首山太阳宫大门斗栱

大西天寺、小西天寺、清凉寺等庙宇。依碑文记载，其中一部分寺庙建于民国十三年（1924年）。

七、滚钟口寺庙群

滚钟口寺庙群，位于银川市区西40多公里贺兰山东麓滚钟口主沟内。寺庙大多修建于明清时期，自治区文物保护单位。

沟口建有道教寺观，由老君堂、斗母宫、小洞天、禹王台、关帝庙等组成。其中以始建于清代的老君堂规模最大，坐西朝东，建筑面积1100平方米，两进四合院。前院有山门和正殿，山门南北长7.3米，东西宽8米，大殿为硬山顶建筑，面阔三间，进深一间，两侧各有卷棚顶厢房两间；后院大殿建在高0.9米的台基之上，为硬山顶建筑，面阔三间，进深一间，两侧各建有卷棚顶厢房三间，

1983年重建（图4-2-61～图4-2-66）。沟内半山坡上很局促的空间内分布着一个佛教寺院和一个拱北清真寺，两寺院共用一堵墙，与山下联系的台阶也是共用的。

佛教寺院是小洞天观音寺，始建于明末清初年间，距今约400~500年，是滚钟口历史悠久的佛教圣地。观音寺由大殿、厢房和山门围合成一四合院，大殿北侧与拱北清真寺共用一堵墙（图4-2-67、图4-2-68）。

观音寺紧邻的伊斯兰教克马伦丁长老拱北清真寺，是一座由始建于清顺治元年（1644年）的拱北和始建于清光绪十七年（1891年）的礼拜殿组成的清真寺建筑群（图4-2-69～图4-2-71）。

相邻两寺院不远处，半山腰上的是规模宏大的三进四合院的道教贺兰庙。贺兰庙始建于清光绪

图4-2-61　滚钟口老君堂鸟瞰

图4-2-62　滚钟口老君堂山门

图4-2-63 滚钟口老君堂第一进院落

图4-2-64 滚钟口老君堂厢房

图4-2-65 滚钟口老君堂第二进院落

图4-2-66 滚钟口老君堂斗母宫梁架

图4-2-67 滚钟口观音寺山门

图4-2-68 滚钟口观音寺院落

图4-2-69 滚钟口拱北清真寺与观音寺俯瞰

图4-2-70 滚钟口拱北清真寺山门及台阶

图4-2-71 滚钟口拱北清真寺院落

十八年（1892年），1918年、1938年两度重修，为滚钟口规模最大的一座道教建筑群，由自下而上逐层升高的下、中、上三层台院组成，每个台院坐南朝北建有一个大殿，均建有木雕彩绘、飞檐翘角的殿堂，每殿两侧均有厢房。最下层建有硬山顶山门，台基宽23米，面阔三间。中间大殿台基高9.4米，东西宽27米，建有歇山顶大殿，宽13米，进深7.2米。最高一级大殿，台基高18.4米，建有硬山与卷棚歇山勾连搭屋顶的正殿，两侧各有配殿一间。现存建筑为1983年重修（图4-2-72～图4-2-77）。

沟顶处三座小山上建有三座喇嘛式小白塔。在滚钟口尽头名为"青羊溜"的陡峭山崖之巅的台地上还有古建筑遗址二十多处，面积约3500平方米。

滚钟口寺庙群不仅呈现了中国古建筑的特色，且以其佛教、道教、伊斯兰教等多种宗教寺院汇聚一处而成奇观。三教寺庙从最早的小洞天观音寺（始建于明末清初），到拱北清真寺［始建于顺治元年（1644年）］，再到贺兰庙［始建于光绪十八年（1892年）］，几百年来和谐共处，互相帮扶，共同发展。优美的山林风光，幽雅的寺院建筑，使这里成为国内罕见的一处景观胜地（图4-2-78）。

八、地藏寺

地藏寺位于银川市兴庆区前进街173号一住宅小区内，始建年代不详，1932年扩建，1935年完工后定名居士林，1987年修复后定名地藏寺，市文物保护单位。

寺院坐西向东，东西长88米，南北宽38米，占地面积3344平方米。其中建筑面积1846平方米，有房屋85间，由前院、中院、上院及南院生活区四部分组成（图4-2-79）。

前院有山门、前殿（亦称天王殿），中院有中殿，上院有藏经楼，通高12米，面阔三间，进深一间。山门朝东设置，中部为高大的砖砌台基上置三开间带前后廊的硬山木构建筑，南侧为鼓楼，北侧为钟楼。穿过山门的拱形门洞来到第一进院落，主体建筑为面阔三间、一卷一脊的中殿，南北两侧为卷棚硬山屋顶的辅助用房，从天王殿的南北两侧小拱门可以通往二进院落，主体建筑为藏经阁，为2层的楼阁式硬山顶建筑（图4-2-80~图4-2-83）。

图4-2-72　滚钟口贺兰庙

图4-2-73　滚钟口贺兰庙山门

图4-2-74　滚钟口贺兰庙中殿

图4-2-75　滚钟口贺兰庙中殿屋顶

图4-2-76 滚钟口贺兰庙正殿及厢房

图4-2-77 滚钟口贺兰庙正殿屋顶

图4-2-78 滚钟口佛道伊三教寺院远景

图4-2-79 地藏寺山门

图4-2-80 地藏寺院落

图4-2-81 地藏寺中殿

图4-2-82 地藏寺藏经楼

图4-2-83 地藏寺厢房

第三节 道教宫观

一、银川玉皇阁

玉皇阁坐落在银川市中心，其始建年代无从查考，从明代《弘治宁夏新志》府城图上观察，现玉皇阁的位置居明代府城鼓楼所在地，清乾隆三年（1739年）毁于地震，重修后，称为"玉皇阁"。清乾隆《银川小志》载："极崇焕轩敞，上供真武帝。"此后遂称其为玉皇阁，全国重点文物保护单位。

玉皇阁占地约1040平方米，通高22米。建筑群建在一座长36米、宽28米、高8米的台基上，由大殿、钟楼、鼓楼、配殿等组成。

台基平面为长方形，在西北角有踏道可登临台顶。台基底边长37.44米，宽28.1米，高9.5米，全部由夯土筑成，外包青砖，墙体收分率为0.215%。台基下面辟有宽4.6米、高5.5米的南北向拱形门

图4-3-1 银川玉皇阁立面1

图4-3-2 银川玉皇阁立面2

图4-3-3 银川玉皇阁立面3

洞，门洞西北侧有台阶通向基顶。

台基中央为高达14.1米的两层重檐歇山顶大殿，平面呈长方形，面阔七间，通面阔19.6米，进深四间，通进深13.5米。底层向南接出卷棚歇山顶殿堂，面阔五间，正中辟有玲珑俏美的歇山顶抱厦一间；向北接出一脊一卷抱厦各三间。

大殿东侧是钟楼，西侧是鼓楼，钟、鼓楼对称设置，均为正方形平面，面阔三间，通面阔3.86米，通高9.48米。钟、鼓楼屋顶为十字歇山顶的三层重檐亭式楼阁建筑。西配殿位于台基的西侧，为一脊一卷棚勾连搭式，面阔三间，进深各一间；东配殿位于台基东面，为三间硬山卷棚顶建筑。从底层大殿内侧的木梯登上顶层，是一层宽敞的殿堂，殿外以回廊相通，绕以朱漆栏杆，可凭栏四望（图4-3-1～图4-3-4）。

二、平罗玉皇阁

平罗玉皇阁位于平罗县北门，玉皇阁于明初开始兴建，后经光绪元年（1875年）和民国二十八年（1939年）多次续建形成现状，1985年，当地政府以玉皇阁为基础建主体公园形成现在的景区部分。玉皇阁占地面积约3.4万平方米，其中文物保护单位面积3997.5平方米，全国重点文物保护单位（图4-3-5、图4-3-6）。

玉皇阁坐北朝南，依高台而建，从南向北分别建在三个高台之上，轴线清晰，左右对称。主轴线上自南向北依次为山门、城隍庙、南天门、三清殿

图4-3-4　银川玉皇阁立面4

图4-3-5　平罗玉皇阁远景

图4-3-6　平罗玉皇阁建筑群

图4-3-7　平罗玉皇阁山门

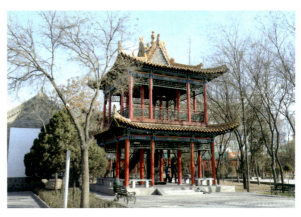

图4-3-8　平罗玉皇阁碑亭

图4-3-9　平罗玉皇阁第二进院落

图4-3-10　平罗玉皇阁城隍殿

及无量殿。整座建筑群以主轴线上的建筑为中心被划分为四进院落。由南侧大门入内，第一进院落较为空旷，东部靠北是一座两层楼阁式碑亭，屋顶为十字歇山脊，上覆黄色琉璃瓦。西部则是一高大的观音镀金像。正中为一三开间石砌牌坊。穿过石牌坊进入第二进院落，该院落被两个渐次升高的五级台基划分为大小两个院落，靠南的这一进只有带前廊卷棚顶的东、西配殿，上五级台阶后亦有卷棚顶的东、西配殿，居中的是城隍殿，面阔五间，屋顶为前高后低的两个卷棚歇山勾连搭。城隍殿的东、西两侧又各设一三开间的歇山顶小配殿（图4-3-7~图4-3-10）。

由配殿向北上十五级台基可至另一组4米高台上的建筑群，正南面是面阔三间单檐歇山顶，北侧带一卷棚顶小抱厦的南天门，南、北面无墙体及隔扇，东、西面是带有精美石雕的山墙。与南天门东、西山墙相连的是两组抄手游廊，至北部与东边钟楼、西边鼓楼相接。钟、鼓楼均为三层楼阁式四角攒尖顶建筑（图4-3-11~图4-3-13）。

南天门正对的北门是高出地面1.5米的三清殿，为面阔三间的两层楼阁式重檐歇山顶，底层带一卷棚抱厦。东西钟鼓楼向北亦由逐级升高的廊子与北面对称的文昌阁（东边）、关帝阁（西边）相连，两阁均为重檐六角攒尖顶的亭式建筑，在二层用空中走廊与南面的三清殿和北面的无量殿相连，围合成一进院落。这一进院落是各个庞大建筑的最后一进，也是最高的一进，主体建筑无量殿（二层三皇殿，三层三母殿）为三层楼阁式建筑，面阔五间，屋

图4-3-11 平罗玉皇阁南天门

图4-3-12 平罗玉皇阁游廊

图4-3-13 平罗玉皇阁鼓楼

图4-3-14 平罗玉皇阁三清殿

图4-3-15 平罗玉皇阁关帝阁

图4-3-16 平罗玉皇阁无量殿

图4-3-17 平罗玉皇阁无量殿翼角

图4-3-18 平罗玉皇阁无量殿藻井

顶的东西两侧为四角攒尖，正中一个为极为少见的顶，屋顶四角饰有凤凰（图4-3-14～图4-3-19）。

三、灵武高庙

灵武高庙又称上帝庙、玉皇庙，原名为玄武观，位于灵武古城北隅（图4-3-20）。

高庙始建于隋开皇二十年（公元600年）。宋代，将玄武观统改为真武观。因其建筑位于灵武城中最高处，故习惯上称上帝庙为高庙。

高庙占地面积5000平方米，建筑面积2000平方米，正殿高30米，台基高11米，整体庙宇坐北朝南。主要建筑有南天门、观音阁、无量殿、王母殿、玉皇殿、三清殿，两侧有钟鼓楼、文昌阁、武昌阁、天王殿等11座建筑物。

山门是建筑群中位置最低的，面阔三间，重檐歇山屋顶。进入山门，是高大的台基，上面分布着一组建筑，正中的是面阔三间的牌坊式门建筑——南天门。南天门以北是三层八角攒尖与歇山组合屋顶的王母殿。观音殿位于王母殿的北部，为二层四角攒尖顶，南部带一二层卷棚歇山小抱厦。通过甬道达北部正殿，正殿为三层歇山顶，是整个高庙群体中最高也是规模最大的殿。正殿共分为三层，第一层为大雄宝殿，正殿后有夹道，有东、西两木梯可登上二层，二层殿与观音殿有木甬道相通，两侧有木梯可上三层（图4-3-21～图4-3-28）。

整个高庙的主要建筑都位于中轴线上，层层相

图4-3-19　平罗玉皇阁无量殿屋顶装饰

图4-3-20　灵武高庙

图4-3-21　灵武高庙山门

图4-3-22 灵武高庙南天门

图4-3-23 灵武高庙灵官殿与天王殿

图4-3-24 灵武高庙鼓楼

图4-3-25 灵武高庙王母殿

距，逐步增高。两侧各有两座独立庙阁楼宇，东侧为钟楼、文昌庙，西侧为鼓楼、武昌庙、灵官庙等小体量建筑，将各个殿堂衬托得庄重大方。建筑群亭廊相连，飞檐相啄，回环曲折。门楼雕刻图案精美，楼顶藻井色彩艳丽。

四、雷祖庙

雷祖庙，位于银川市永宁县仁存乡雷台村，县级文物保护单位，西距109国道500米，北距永宁县县城15公里，相传始建于唐代。据大殿内大梁上的墨书记载："大清光绪三年重建。"清光绪三年即1877年，距今已有120余年的历史，山门前有晚清时期雕凿石狮一对，而耸立于大殿前的一棵古刺槐树，树龄也在百年以上。寺庙最初是为了纪念商周时期的伐西将军闻太师"精忠报国"的精神而建的。

雷祖庙占地600余平方米，坐北朝南，由山门、东西厢房及大殿组成。山门和厢房为1984年重建。大殿建在三级高台基之上，单檐歇山顶，面阔三间，进深两间，东西长10.45米，南北宽9米，高7.5米。大殿屋顶为单檐歇山顶，建筑结构构造做法等具有典型的北方汉族传统建筑风格（图4-3-29～图4-3-33）。

图4-3-26　灵武高庙斗栱细部

图4-3-27　灵武高庙彩画

图4-3-28　灵武高庙明城墙遗址

图4-3-29　雷祖庙大殿

图4-3-30 雷祖庙大殿檐部斗栱

图4-3-31 雷祖庙山门

图4-3-32 雷祖庙山门脊兽

图4-3-33 雷祖庙钟楼

第四节 石窟

佛教石窟，是开凿于山崖峭壁间的特殊形式的佛教寺院。有的石窟建于寺院附近，附属于寺院，成为寺院的组成部分。佛教石窟多数隐匿于山林之间，远离城市，同时由于其开凿于山体内，与木结构的佛寺建筑相比，遇到火灾、地震之类人为及自然灾害时损失较少，故石窟寺的保存状况远胜于佛寺，南北朝和隋唐等早期的遗存较多。

一、须弥山石窟

须弥山石窟（北魏）位于固原市原州区三营镇须弥山，地处古"丝绸之路"东段北道，全国重点文物保护单位。

须弥山石窟始凿于北魏晚期，历经西魏、北周、隋、唐诸朝，唐以后再无大规模的开窟造像活动，但有规模不等的佛像维修和寺院建设活动。须弥山在汉代曾名逢义山，北魏时称之为石门山，"唐名为石门镇景云寺"，明代改称圆光寺。石窟初创于北魏晚期，兴盛于北周和唐代，是我国开凿较早的石窟之一。现存各类形制的窟龛162个，造像990余尊，其中保存较为完好的造像500余尊。石窟造像依山势分布在八座山峰的东南崖面上，自南而北依次为大佛楼、子孙宫、圆光寺、相国寺、桃花洞、松树洼、三个窑、黑石沟八个区域。北魏和西魏时期开凿的洞窟集中分布在子孙宫区，石窟形制多为平面方形的中心塔柱窟，覆斗顶，中心塔柱分层，柱身上小下大，略有收分，四面每层均开龛造像。造像题材有禅定或说法的坐像及立像，也有三佛并坐、交脚弥勒、一佛二弟子，龛像多以一佛二菩萨为主要组合形式。北周石窟主要集中在圆光寺、相国寺、子孙宫和松树洼等区，基本形制为平面方形，覆斗顶，中心柱窟，柱身一层，四面各开一龛，窟内雕仿木结构建筑形式，佛龛为雕饰华丽的帐形。造像组合以一佛二菩萨为主，但总体组合为七佛。隋唐时期的洞窟主要分布在大佛楼、相国寺和桃花洞等区。第5窟是在一座山体上凿出来的一尊高达20.6米的弥勒坐像，大佛仪态端庄安详，体态健康丰满，鼻低脸圆耳大，表情温和，是须弥山石窟的象征。唐代窟龛的形制有平面横长方形平顶敞口龛、平面马蹄形穹隆顶敞口龛、平面方形平顶窟、平面方形覆斗顶窟等。造像组合多为一铺五尊或七尊或九尊，有的多至十三尊。造像题材也发生了变化，除一佛二弟子二菩萨外，天王、力士、夜叉、狮子等造像题材也出现在洞窟中，造像风格已明显地表现出世俗化的特点。另外，须弥山石窟还保存有唐、宋、西夏、元、明各朝各代的题刻题记55则，明代碑刻3通（图4-4-1～图4-4-5）。

须弥山北魏时期的僧禅窟中出现了穹隆顶，到

图4-4-1　须弥山石窟大佛

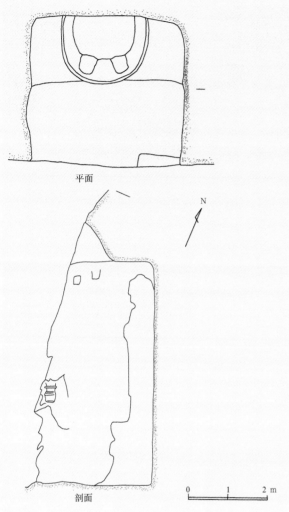

图4-4-2 须弥山石窟大佛楼区第一窟平、剖面图（根据《须弥山石窟内容总录》清绘）

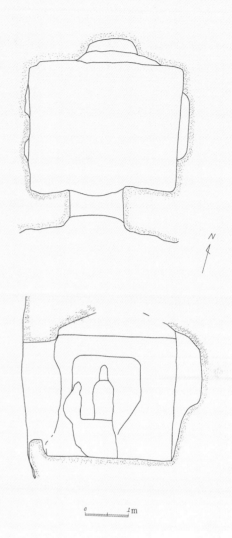

图4-4-3 须弥山石窟大佛楼区第二窟平、剖面图（根据《须弥山石窟内容总录》清绘）

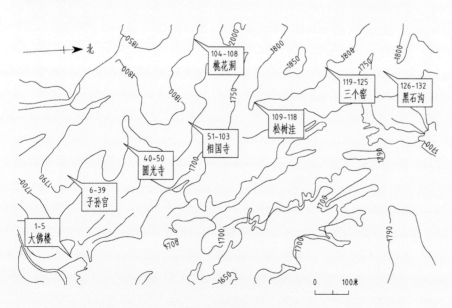

图4-4-4 须弥山石窟窟区分布示意图（根据《须弥山石窟内容总录》清绘）

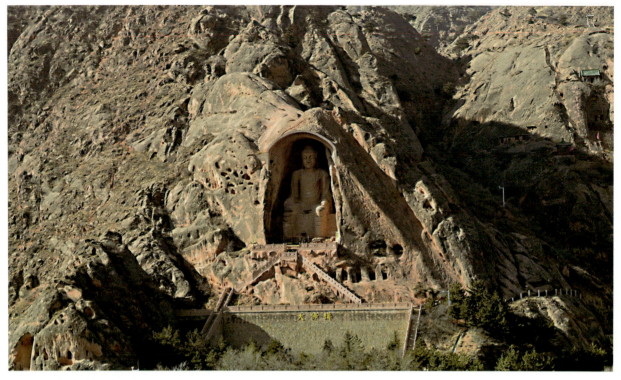

图4-4-5　须弥山石窟

西魏前期，被大范围地采用。这种在顶边留出一圆周窄平台，顶中间部分向上凿成宽大圆缓穹隆状的窟顶在中原石窟中未曾见过，是中亚和新疆石窟常见的形制，被称之为"长安模式"的须弥山北周石窟。其特点之一就是几个主要石窟都采用了仿木结构，包括有斜栿、梁架、角柱、栌斗等，这种仿木结构在中原石窟中十分罕见。

二、石空寺石窟

石空寺石窟位于中宁县余丁乡金沙村西北侧的双龙山南麓，自治区文物保护单位。

始建年代不祥，据《中卫县志》载为西夏"元昊建"；《陇右金石录》引《甘肃新通志稿》记载："石空寺以寺为名，寺创于唐时，就山形作石窟，窟内造像皆唐制。"现存各洞窟塑像和壁画则大部分为明清遗物。

石窟开凿于唐代，是古丝绸之路上一处重要的驿站和文化、宗教圣地。宋、西夏、元、明、清各代又进行了扩建维修，并在窟外修建了殿宇式庙群（图4-4-6）。

石空大佛寺（唐代）寺庙主体坐北朝南，石窟依山而凿，整体分为上、中、下三寺。上寺是大雄宝殿。中寺是九间无梁洞，规模最为宏大，是整个石窟的中心。洞窟高25米，宽13米，深8米，内塑佛、罗汉、菩萨等彩塑360尊。下寺5个洞窟，第五洞为二层楼阁式，塑有佛的涅槃像（图4-4-7、图4-4-8）。

九间无梁窟是石空寺石窟的中心，高大宏敞，内塑88佛，加上罗汉、菩萨、神话传说人物等共有名种大小塑像360尊之多，其中的一尊菩萨立像高约5米，高鼻深目，造型独特，专家考证为北魏造像，具有极高的历史价值，艺术价值和文物研究价值。

其他洞窟如万佛洞、睡佛洞、玉皇洞、王母洞、龙王洞、三清洞、真武洞等洞窟，造像内容丰富，天庭地府、罗汉菩萨、山神龙王、药王财神，包罗万象，应有尽有。其中万佛洞窟顶窟壁上的小万佛影塑像，艺术价值可与敦煌莫高窟千佛洞相媲美。

图4-4-6 石空寺远景

图4-4-7 石空寺山门

图4-4-8 石空寺大雄宝殿正面

三、无量山石窟

无量山石窟（宋代）位于彭阳县古城镇田庄村北塬，自治区文物保护单位。

石窟凿于无量山半山腰，共有东西两窟，相距约200米。

洞窟窟顶呈穹隆形，石质造像5尊，4尊保存完好。3尊主佛并排而坐，造像通高2.1米。居中为释迦牟尼，在莲花宝座的束腰处雕三力士。居右为无量寿佛（阿弥陀佛），莲花座束腰处雕两头相向而立的雄狮。居左为弥勒佛。在三尊主佛像左侧，有护法神造像，右侧有一未完成造像，为胁侍弟子。西窟造像20尊，一线排列在石崖上，居中一尊佛像双腿盘坐于莲花台上，身着袈裟，右手扶膝，左手托钵置于腿部，两菩萨身着长裙，侍立两侧为护法神，两边共雕16尊罗汉像（图4-4-9、图4-4-10）。

四、灵应山石窟

灵应山石窟位于盐池县青山乡方山村，始建年代不详，县文物保护单位。

据康熙三十九年（1700年）碑刻记载，明万历年间至清初屡经修葺。石窟坐西朝东，由龙王庙、药王庙、观音庙、后殿、吕祖洞等13座石窟组成窟群，南北长40米，东西宽20米，石窟室为平顶或穹隆顶，窟内佛像均为泥塑，多数残损或无存，少数洞窟残存清代壁画。

图4-4-9　无量山石窟东窟大殿

图4-4-10　无量山石窟虔心殿

五、火石寨石窟

火石寨石窟位于西吉县西北部的火石寨乡内，南北长17千米，东西宽10千米，自治区文物保护单位。

保护区距西吉县城10千米，有红色、紫红色的山崖、山峰、山脊、怪石突兀于黄土高原之上，地貌景观壮观奇美。因红色砂岩裸露，当地人把这里叫火石寨。

火石寨石窟从北魏开始凿造，盛于隋唐，数处石窟均凿建在百余米高的石崖绝壁上。这里有禅佛寺、石寺山、扫帚岭三处石窟，各有特色。

禅佛寺石窟位于火石寨禅窟村，因其与固原县须弥山相连，又称为须弥山禅佛寺，为唐朝佛教禅宗派的流传圣地。石窟凿造在一座宝塔似的石峰上，犹如长矛刺天，石窟主峰四周怪石林立，或崛起凌空，或沉落幽谷，形态各异。

石寺山石窟位于火石寨乡西南，因石峰上凿有石窟寺而得名。石寺山呈"山"字形，石峰高达百余米，拔地而起，惟东面人凿石阶可登。石窟凿于隋唐，现存长方形大小石窟8孔，水窖4眼，石窟内造像被毁，残存佛龛、壁画，因其与扫帚岭石窟相连，又名"后云台山"。

扫帚岭石窟位于火石寨乡南的石峰群中，因山岭上生长做扫帚的毛竹而得名，故又称为扫竹岭，亦称"云台山"或"西武当"。主峰高百余米，状如驼峰，三面绝壁，只有东北方一径可攀登而上，形胜险要。再往上爬便是沿山势出现的凹凸不平的石台，石窟开凿在台的正面，穿过数道石门，方才能领略观赏这里的奇迹。

大佛殿的立佛已是手足残缺，衣衫褴褛，有的洞窟内已无佛像，惟有雕像基座上的图案依旧清晰可辨，大部分窟里的佛像已经荡然无存，但仍然是研究北魏至隋唐时期文化的重要资料。

六、天都山石窟

天都山石窟位于海原县西安州天都山，开凿于宋、西夏时期，自治区文物保护单位。

有石窟6座，大小殿宇13座，庆历六年（1046年）西夏王元昊曾在此建避暑行宫（图4-4-11～图4-4-13）。

第一个台面，有法王寺、灵宫殿、三宫殿；此处立有民国三十二年（1943年）重修天都山驻洞庙宫祠的碑刻一道，在其南面的小山梁上建有眼光娘

图4-4-11　天都山石窟远景

图4-4-12　天都山石窟三皇殿等

图4-4-13 天都山石窟元朝殿

娘（内有石洞）、王母娘娘等庙宇。

第二个台面，在崖下凿有三窟。据碑文，此三窟为三圣殿、大佛殿（释迦牟尼）、子孙宫。南面建有孔子庙，庙内有明万历二十六年（1598年）仲春立"重修西山上帝祠宇记"，光绪九年（1883年）的"重修天都山寺庙碑记"等碑石。

第三个台面，于峭壁下凿有祖师、观世音、玉皇、太上老君四洞。

七、石窑寺石窟

石窑寺石窟位于固原市隆德县城关镇金联村东500米，又名龙凤山石窟寺，自治区文物保护单位。

石窟始凿于宋大中祥符年间，坐北朝南，近山顶处有石窟5孔，大雄殿居中，平顶直角，窟前青砖砌门，门额阴刻"磨日宕霄"。无量殿、大士殿、文昌殿皆平顶直角。窟前有"福寿碑记"一通，记载了明万历三十四年（1516年）重修经过。

第五节 古塔

一、海宝塔[①]

海宝塔位于银川市区北海宝塔寺内，俗称"北塔"，全国重点文物保护单位。

据清《宁夏府志》记载，十六国时期大夏国皇帝赫连勃勃曾重修，故又称"赫宝塔"、"黑宝塔"。清康熙五十一年（1712年）和乾隆四十三年（1778年），皆因地震破坏而重建。

海宝塔，建在一个每边长19.2米、高5.7米的方形高台上。高台四壁用砖砌筑，稍有收分，平直无饰。高台的正面（向东）有一段较长的台阶。高台的檐口，用三层菱角牙子叠涩砖外挑45度，其上又有三皮平砖收进，台顶四周有砖砌的矮墙围栏。台基中央为青砖砌筑，楼阁式塔身共九层十一级，通高54米（图4-5-1、图4-5-2）。

塔平面基本呈正方形，四壁出轩，在正方形的平面上又形成双线"亞"字形，构成十二角形塔。古塔每层出轩部分两侧各设一龛，拱券表面饰有尖形的火焰式样，都是宋、西夏以后新建的佛塔中不常见的。

塔的底层，高4.2米，每边长14.4米。其正面，也就是东壁，中辟券门，门前立抱厦一间，同寺内其他主要佛殿前所带的抱厦一样，突出了塔的主入口处。

塔门内，有一个很小的方室，西壁正中设龛，原供罗汉像。方室南北有曲尺形通道，可拾级登上底层顶面。塔身中央是一个方室，上下贯通，以木梁楼板分层相隔，有木楼梯辗转通达第十层。每层方室的四面，都有一个拱券通道，与出轩部分的券门相连。当各券门开启时，中央方室显得非常明亮。

塔的第二层到第十层，平面形式完全相同，只是各部分尺寸有所缩减。

第三、五、七、九层的券龛顶砖，隐砌为尖拱形状。每层塔檐都模仿木构架坡顶形式，分作两层：上面的一层，用三行平砖叠涩向外挑出，使其看上去如同一个"平坐"；下面的一层做得稍为复杂，用三行菱角牙子叠涩砖向外挑出，然后又以三行平砖收进，好似木构建筑的檐口。

塔的顶层，立面轮廓仍是以下各层的延续，但各面均不设洞龛，檐口处理也不同于以下各层。塔壁两侧的檐口，做五层菱角牙子叠涩砖外挑。而中间出轩部分的檐口，由于第十层檐高于两侧，为了保持顶层塔身壁面的均衡，只做三层菱角牙子叠涩砖外挑，并在塔身上部做一腰线（图4-5-3、图4-5-4）。

图4-5-1 银川海宝塔远景

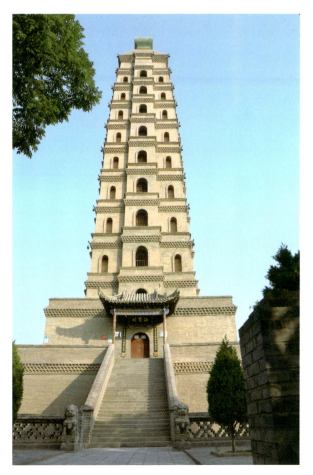

图4-5-2 银川海宝塔正面外观

图4-5-3 海宝塔东立面

图4-5-4 海宝塔南立面细部图

顶层檐口之上的塔顶，采用攒尖形式，但不起脊。塔的四角和出轩部分的顶角，都在塔顶交棱，共有12条棱被束向塔刹。刹的底部是砖砌台座，平面四方，上面是一个体量巨大、用绿色琉璃砖贴面、形状像火焰的穹隆顶，甚为壮观。

二、拜寺口双塔

拜寺口双塔位于银川市贺兰县洪广镇金山村贺兰山拜寺口北岗上，始建于西夏中、晚期，元代早期进行过较大规模的维修，元以后，又经过数次修缮，1986年自治区文管会组织人员又进行了全面维修，全国重点文物保护单位。

双塔东西对峙，相距80米，均为八边形密檐式空心砖塔，不设基座，厚壁空心，由塔身和塔刹两部分组成（图4-5-5）。

塔身每层叠涩出檐，第一层很高，第二层以上每面都有彩绘雕塑。塔顶为仰莲瓣形刹座，其上承托数层相轮。

东塔高39.15米，从底层到顶层收分不大，塔身外观呈直线锥体，显得挺拔有力。每层每面叠涩砖腰檐下，左右并列两个鼓目圆睁、獠牙外露的砖砌兽面，兽面嘴咬八字下垂的彩色红色连珠。两个兽面之间，是彩绘云托日月图案，圆形的太阳已变为黑色，仰月和云朵用流畅的红线勾勒（图4-5-6～图4-5-8）。

西塔较东塔粗壮高大，塔高41米，塔身上部数层收分较大，使塔的外形轮廓柔和、圆润、俊俏秀美。每层每面叠涩砖腰檐下都有砖雕佛像及装饰图案，比东塔更为华丽。上施白灰的每层壁面两边是砖雕兽面，兽面口含连珠流苏七串，呈八字形下垂。兽面中间是竖置的长方形浅龛，中塑佛像。第六层以下是身着法袍的罗汉，有颧骨高凸、挂杖倚立的老者，有眉目清秀、神情潇洒的壮者。第七层以上是护法神像，光祖上身，项挂璎珞，下着短

图4-5-5 拜寺口双塔远景

图4-5-6 拜寺口双塔之东塔外观

图4-5-7 东塔细部1

图4-5-8 东塔细部2

裙，肚脐外露，有的叉腿站立，有的屈腿跳动，飘带环身，姿态健美。这些造像大部分保存完好，是十分珍贵的艺术品。塔顶为八角形刹座，转角处饰以砖雕力神，裸体挺腹，背负刹座，似用力状，栩栩如生（图4-5-9～图4-5-11）。

三、一百零八塔

一百零八塔，位于青铜峡市大坝库区西边的陡峭山坡上，是一处由108座覆钵塔组成的大型塔群，始建于西夏，历经元、明、清等朝代的数次维修。全国重点文物保护单位。

一百零八塔是一组墓葬塔群，塔群坐西朝东，背山面河，依山势开凿分阶而建，按1、3、3、5、5、7、9、11、13、15、17、19的奇数排成12行，共计108座，构成一个等边三角形体（图4-5-12），因塔数而得名为一百零八塔，每个单塔均为实心、覆钵式的喇嘛塔。

塔自下而上逐层按比例缩小，塔数逐层减少，远望可纵观塔群的全貌。塔体外表涂有一层白灰，塔顶一般为宝珠式，自第二层以下，塔身下部均有一个单层的砖砌八角形须弥座，与北京妙应寺的元代白塔十分相似。塔的高度，除第一层最高一座为3.5米外，其余各层都在2.5米左右。塔体形制大致可以分为四种类型：第一层一座，体形（体量）较大，塔基呈方形，塔身为覆钵式，面东开有龛门（图4-5-13）；第二至第四层，为八角形鼓腹尖锥状；第五至第六层，塔身呈葫芦状；第七至第十二层，塔身为宝瓶状。所有的塔均由塔座、塔身、塔刹组成，塔刹又分为华盖、相轮、宝顶三部分，整个塔群布局合理，错落有致，层次分明（图4-5-14～图4-5-17）。

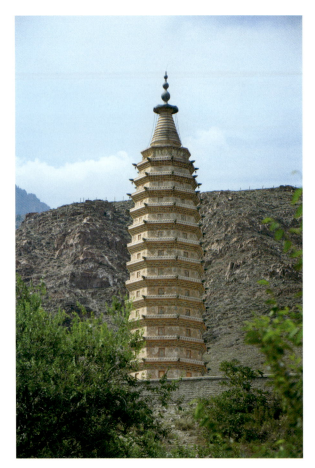

图4-5-9　拜寺口双塔之西塔

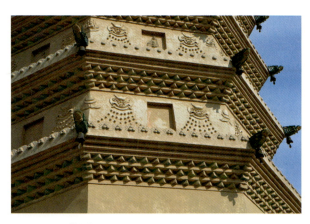

图4-5-10　西塔细部1

图4-5-11　西塔细部2

图4-5-12 一百零八塔外观图

图4-5-13 一百零八塔顶部宝塔立面

图4-5-14 一百零八塔细部1

图4-5-15 一百零八塔细部2

图4-5-16 一百零八塔细部3

图4-5-17 一百零八塔细部4

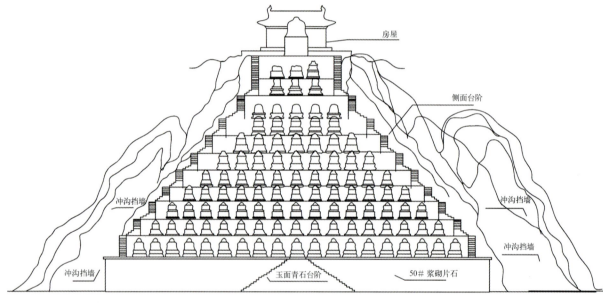
图4-5-18 一百零八塔立面图（来源：自绘）

在我国的古塔建筑中，一百零八塔形制之独特、塔数之众多极其罕见（图4-5-18）。

四、承天寺塔

承天寺塔位于银川市兴庆区的承天寺内，与北郊的海宝塔遥相呼应，俗称"西塔"，全国重点文物保护单位。

古塔始建于西夏毅宗天祐垂圣元年（1050年），据明代《嘉靖宁夏新志》记载，皇太后没藏氏为保年满周岁就"幼登宸极"的毅宗皇帝"圣寿无疆"而建。另说是为贮藏宋朝所赐的大藏经而建的。它与凉州（甘肃武威）的护国寺、甘州（张掖）的卧佛寺，同是西夏著名的佛教寺院，反映了西夏王朝对佛教的信仰。明初，承天寺已毁，只剩"孤塔一座"。清乾隆三年，强震使得"昔日繁庶之所，竟成瓦砖之场"，承天寺塔受到严重破坏。现存的塔为清嘉庆二十五年（1820年）重建的（图4-5-19）。

承天寺塔在重建的过程中，保持了西夏时期原塔的基本造型。塔高64.5米，呈八边形，塔身建在边长26米、高2.6米的方形塔基上，塔底边长5米，东西对边约22米。内部是"一"字通道式空间，每层交错变化，奇数层为东西向，偶数层为南北向，顶层为"十"字形空间（图4-5-20）。

底层朝东开有一门，可过券道进入塔室。塔室呈方形，室内各层为木楼板，有木梯盘旋而上。塔身第三、五、七、九层设南北向拱形窗洞，第四、

六、八、十层设东西向拱形窗洞，十分敞亮（图4-5-21）。

塔身的收分较大，每层檐口均有三层叠涩砖挑出，又有同样的三层收进，作为上一层塔身的基座。每个檐角，有铁铎垂挂于石榴状的铁柄上，微风吹来，叮咚作响。最上一层檐口有五层叠涩砖外挑，上覆八面攒尖刹座，其上立绿色琉璃砖贴面的桃形塔刹（图4-5-22）。

整座塔呈角锥形，外形简洁明快，没有辽宋古塔复杂华丽的砖雕斗栱和佛像雕饰。它与绿色琉璃的桃形八角尖顶相互辉映，融为一体，在参天古木、白云蓝天的衬托下，更显得挺拔秀丽（图4-5-23）。

五、鸣沙州塔

鸣沙州塔，原名安庆寺永寿塔，位于中卫市沙坡头区鸣沙镇西约300米的黄河古道东岸，始建于西夏，全国重点文物保护单位。

据"重修安庆寺碑记"载："嘉靖四十年（1561年），坤道弗宁，震动千里，山移谷变，寺院倾颓。""重修鸣沙州安庆寺永寿塔碑记"载："自隆庆三年（1569年）以来，屡施营膳之费，工程浩大，未易速竣。万历八年（1580年）三月上旬告完，僧复起塔名为'永寿'"。康熙四十八年（1709年）又因地震使"永寿塔"复崩其半，因此，现存塔是明代重建的（图4-5-24、图4-5-25）。

图4-5-19 承天寺塔

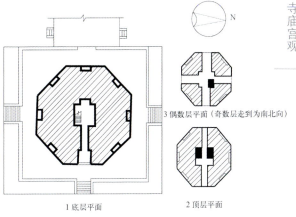

图4-5-20 承天寺塔平面图（来源：自绘）

图4-5-21 承天寺塔顶细部

图4-5-22 承天寺塔宝瓶

图4-5-23 承天寺塔身细部

图4-5-24 鸣沙州塔远景

图4-5-25 鸣沙州中景

鸣沙洲塔坐北朝南，建在一高出地面1.5米的方形夯土台基上，原是一座八角形十三级楼阁式砖塔。古塔青砖挑檐，白灰抹壁，角挂风铃，宝瓶攒尖，内有木梯，可供登临。塔底边长3.14米，六层以上已塌毁，残高约27米，于1985年加固，修后高度为42米（图4-5-26）。

塔身底层较高，为6.64米，往上逐层距离渐渐缩短。每级塔身都以叠涩砖作挑檐（图4-5-27），檐下每面正中于转角处饰以斗栱，檐角挂有风铃，南面辟有高1.65米、宽0.65米的券门可通塔室。室内原有木梯，可逐级攀登远眺。

六、镇河塔

镇河塔俗称东塔，位于灵武市东南2.5公里处，自治区文物保护单位。

据"重建镇河塔碑记"载：此塔在1709年和1718年两次地震时倾圮，现存塔是清康熙六十一年（1722年）所建（图4-5-28）。

镇河塔是一座八角形十一级空心厚壁楼阁式砖塔，通高43.6米，塔底边长5.7米，围绕塔基建有抱厦殿宇（俗称八卦殿），坐东朝西，塔身简洁朴素，清雅大方（图4-5-29、图4-5-30）。

拱门南三、北二、东一、西一，正门面西而开，门上额刻着"镇河"两个醒目的大字。塔前正中心为一口水井，实际是地宫。

塔室平面亦呈八角形，直径13.5米，每边长1.15米，室内各层原有木梯，可以盘旋而上，越往上层，腹径越小。

塔从下往上看，似如一个倒扣的漏斗。塔身开有七个窗洞。全塔身涂白灰，在第一层至第二层之

图4-5-26　鸣沙州塔近景

图4-5-27　鸣沙州塔细部叠涩

图4-5-28　镇河塔远景

图4-5-29 镇河塔全景

图4-5-30 镇河塔八角形抱厦角科

图4-5-31 镇河塔宝瓶

图4-5-32 镇河塔细部

间有彩绘的人物、花卉、飞鸟图案。塔身每层逐级收缩，每层用7层挑砖和3层菱角牙砖出檐，以示层次。塔身上部收缩较甚，每级收分处有外檐，上下交错，叠涩呈牙状。各层转角处设有形态不一的陶瓷套兽，上悬挂铁铎，风吹铃响，幽雅悦耳。塔顶上为琉璃砖雕须弥座，上托绿色琉璃质宝瓶形塔刹，下托莲花宝座（图4-5-31、图4-5-32）。

七、康济寺塔

康济寺塔位于吴忠市同心县韦州镇二村韦州古城东南，康济禅寺的废址内，全国重点文物保护单位（图4-5-33）。

古塔始建于西夏，据塔前两块石碑记载，塔原为9层，因地震塌毁，明嘉靖六年（1527年）和万历九年（1581年）两度进行大规模的维修，增为13层。清乾隆三十一年（1766年）修葺一次。

康济寺塔是一座平面呈八边形的十三层密檐式空心砖塔，高42.76米，由塔身、刹座、相轮宝顶三部分组成，塔门向南（图4-5-34）。

图4-5-33 康济寺塔远景

图4-5-34 康济寺塔全景

第一层砖砌塔身，尺度极为宽大，如同一个大型转台，上承全部塔身，这是西北地区古塔设计的一种特式。其上部有平台，设砖栏杆。

塔的第二层以上被层层密檐平座紧箍，往上收分与刹座、宝顶有机结合，塔身较短，形成刚劲有力的抛物线外轮廓，显得凝重柔美，体现了我国早期密檐式佛塔的风格。檐子为菱角牙子三层，其上做简单砖层，作为平坐的示意。全塔无门窗，光洁平整（图4-5-35、图4-5-36）。

塔顶为八面桃形攒尖式刹顶。塔四周悬挂风铃，风吹铃动，叮当作响。康济寺塔展现了我国早期密檐式佛塔的风格，其建筑风格和塔内出土的珍贵的文物为研究西夏建筑、宗教艺术提供了重要的实物例证。

八、宏佛塔

宏佛塔位于银川市贺兰县潘昶乡王澄村，原是寺庙中的佛塔，后寺圮塔存。古塔始建于西夏晚期（1190~1227年），俗称"王澄塔"，全国重点文物

图4-5-35 康济寺塔塔顶

图4-5-36 康济寺塔塔身细部

图4-5-37 宏佛塔北面外观

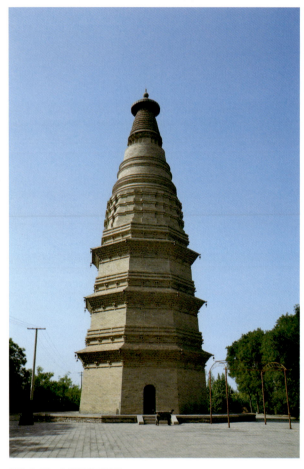

图4-5-38 宏佛塔南面外观

保护单位。

宏佛塔是一座密檐式厚壁空心砖塔，它造型奇特，从上而下是由两种截然不同风格的古塔建筑复合而成（图4-5-37、图4-5-38）。

塔高28.34米，下半部分是三层八角楼阁式塔身，上半部分是覆钵形喇嘛式塔体，风格古朴，是国内罕见的一座古塔。塔下部三层八角形叠涩檐、倚柱柱头与平坐，皆是用阑额、普柏枋上施一斗三升铺作分隔的楼阁式塔身，其营造法式是宋制；上部则是由十字折角三层束腰座与圆形四层束腰座、饰有叠涩线脚的覆钵形塔身、带圆形相轮的十字折角束腰座塔刹三部分组成，是接近印度窣堵坡的藏传佛教建筑形制，而塔身粉装彩绘的图案色调也是藏密艺术的反映（图4-5-39～图4-5-41）。

塔每层高度略有不同。底层高4米，每面边长5米，西南面设高2.4米、宽0.9米的券门，可直通塔室，塔身二层以上未设门窗，塔室内亦无楼梯。全塔自下而上收分益趋加剧，使塔形成一曲线优美的锥形，如刺青天，素雅壮美。

塔身之上为塔刹，由刹座、刹身、刹顶构成。刹座平面为十字对称折角多边形，往上逐渐收分，刹身为束腰宝瓶形，刹顶为三重相轮托起的桃形攒尖顶（图4-5-42）。

九、瓔珞宝塔

瓔珞宝塔位于彭阳县城东北60公里的冯庄乡偏僻的山沟里，自治区文物保护单位。

地方志书中称其为"瓔珞塔"，建于明嘉靖三十三年（1554年），距今已有447年历史，是固原境内惟一保存下来的明代塔式建筑（图4-5-43、图4-5-44）。

塔平面呈八边形，通高约20米，为七层楼阁式空心砖塔以。塔的第一层略高，每面边长1.6米，东面辟一券门，高1米，宽0.52米，用条石砌成。每层以叠涩砖出檐，每面正中及塔棱的转角处，均饰有砖雕的一斗三升的斗栱。塔的第三、六、七层南北正中开窗，第五、七层东西正中开窗，共十窗，第七层上面置有上仰莲瓣形刹座，塔顶为八面覆斗式十三璇相轮，在相轮之上置圆形刹顶，五层檐角镶石柄悬挂风铃，今已不存（图4-5-45～图4-5-47）。

塔室西面约4米处有一佛龛，塔顶内的八面收

图4-5-39 宏佛塔塔身中部

图4-5-40 宏佛塔塔身细部1

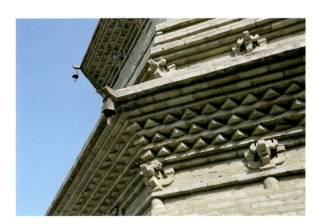

图4-5-41 宏佛塔塔身细部2

图4-5-42 宏佛塔相轮

图4-5-43 璎珞宝塔远景（来源：杨宁国提供）

图4-5-44 璎珞宝塔全景（来源：杨宁国提供）

图4-5-45 璎珞宝塔门（来源：杨宁国提供）

图4-5-46 璎珞宝塔檐部转角细部（来源：杨宁国提供）

图4-5-47 璎珞宝塔塔身细部（来源：杨宁国提供）

图4-5-48 多宝塔远景

图4-5-49 多宝塔全景

分琢成道教阴阳八卦图，整个塔室采用厚壁空心式木板楼层结构，原有木梯可攀登。

十、多宝塔

多宝塔俗称李俊塔，位于永宁县城西南约24公里的李俊镇西侧，县文物保护单位。古塔始建年代未详，据塔上铁铎铭文可知，塔至迟在明代万历年间已竣工（图4-5-48）。

李俊塔为八角形楼阁式砖塔，13层，连同塔顶及塔刹总高31.52米。塔身底层东面辟有券门，门高1.3米，宽0.65米。部分塔层开设券形门窗。塔层之间，为叠涩砖和菱角牙子出檐，每层砖檐的黑心角处原悬铁铎（图4-5-49～图4-5-51）。

塔顶刹座呈八角形，每面正中开一佛龛，龛内置佛像一尊。刹座上承托宝珠式刹身，其上为巨大的桃形攒尖式塔刹（图4-5-52）。

塔室采用厚壁空心式木板楼层结构，内径约2米，原有木梯可以盘旋登至塔顶。

十一、田州塔

田州塔位于石嘴山市平罗县姚伏镇皇祇禅寺内，俗称姚伏堡塔，因位于唐代所置的田州城而得名，全国重点文物保护单位（图4-5-53）。

其始建年代无考，现存塔身为清乾隆四十八年（1783年）重修。《嘉靖宁夏新志》载："定远镇……宋为威远军，伪夏改为定州，俗为田州。"《平罗纪略》载："唐朝方城，宋威远军，夏改定州，俗称田州。"由此证明田州古塔是西夏所建。

田州塔为八层楼阁式砖塔，平面呈六边形，建在高2.2米、南北长100米、东西长80米的内为夯

图4-5-50　多宝塔塔身局部

图4-5-51　多宝塔塔身细部

图4-5-52　多宝塔塔刹

土、外为水磨砖砌筑的台基上。塔高37.5米，边长4.45米，塔心室为正方形，边长2.5米，内置木梯、木板地面可登临（图4-5-54）。

古塔底层设六门，每门设一龛，正南门开启。其他层则在对应位置设拱形龛，仅南门窗开启。其他各龛内挂大白浆后彩绘佛祖。

塔第一层着重装饰，做木构式屋檐，以砖雕做仿木构式斗栱一跳，其中斗、拱、昂、翘清晰可见，塔的每面出柱头科、平身科及角科齐全。斗栱间拱垫板位置为主体不同的精美砖雕，有佛像、葡萄、香炉、文房四宝、水仙花、仙鹤、神兽、鹿、竹子、凤凰、寿字等，象征"福禄寿"、"吉祥如意"等主题。斗栱之下为门楣及垂花柱。檐部起翘为木结构仔角梁弧腹上翘式。屋檐上覆筒瓦，有兽面瓦当和滴水（图4-5-55、图4-5-56）。

二层以上层高和边长自下而上各有收分，各层

图4-5-53　田州塔远景

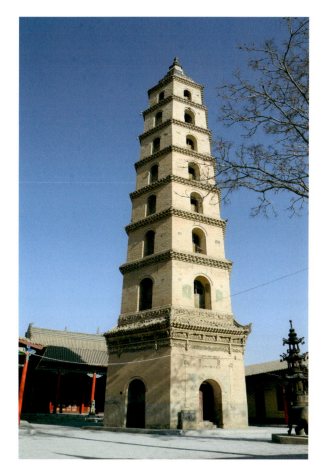

图4-5-54　田州塔全景

图4-5-55　田州塔底层檐部雕刻

图4-5-56　田州塔底层檐部角科

檐部简化为砖砌叠涩，惟转角处仍为由内伸出的木构仔角梁，起翘较高，上挂铁铎。

塔刹为覆斗形宝珠顶，雕刻有佛像和人物故事（图4-5-57）。

十二、华严塔

华严塔坐落在今中卫市中宁县恩和乡华寺村，自治区文物保护单位。

塔始建于明代，塔内残碑记载，重建于清乾隆二年（1737年）。清代《乾隆中卫县志》和《续修中卫县志》记载："华严寺有砖塔，在恩和堡东十里，俗称'砖塔儿寺'。""重修塔儿寺碑记"记述："起不知何年，但寺钟记明成化，塔铃记明万历。"明成化年间（1465～1487年）就有了华严寺，华严宝塔最迟建于明万历年间（图4-5-58）。

华严塔为楼阁式空心砖塔，平面呈八角形，底层外周长13.12米，每边长1.64米，内室亦为八边形，每边长0.58米（图4-5-59）。

塔身七层，通高30米，为覆斗状塔顶，上置桃形攒尖琉璃塔刹。

塔底用青色素面砖竖砌一层，有南北券门各

图4-5-57　田州塔塔刹

图4-5-58　华严塔远景

一,且相通,券门高1.70米,宽0.6米。南券门上端有砖刻楷书"华严宝塔"四个大字,北券门上端有"霞光现瑞"四字。

　　塔身用素色素面砖平铺,以白灰勾缝。除塔刹外,塔体共计七级,底层最高,为3.6米,其余六级依层递减。第一级为厚壁空心室,八角形穹隆顶,与第二级不能相通。第二级起有砖阶可供登高远眺。第六、七级为实心体。第七级以上为八面覆斗式塔刹,上置八角琉璃攒尖。塔檐为叠涩、菱角牙子各一层相间,成二斗四升做法。檐下有额枋、垂花柱、砖雕花卉、云纹花边装饰。二级以上各有券门一个,方向不同。二级在东,三级在西,四级在北,五级在南,六、七级为实心体无券门。二级以上多有佛龛,方向错落,二级东南、东北、西北,二、四、六级西南,二、四、六、七级南,六级西北各有一佛龛,每龛内供砖雕坐佛或菩萨一尊。各级塔檐拐角处有木柄挑檐,悬挂铁铎,共计56个。

注释

① 刘策. 中国古塔 [M]. 银川:宁夏人民出版社,1981.

图4-5-59　华严塔全景

宁夏古建筑

第五章 伊斯兰教建筑

宁夏伊斯兰教建筑分布图

（地图引自：中华人民共和国民政部编.中华人民共和国行政区划简册2014.北京：中国地图出版社，2014.）

❶ 同心清真大寺　　❹ 银川清真中寺　　❼ 二十里铺拱北　　❿ 板桥道堂
❷ 纳家户清真寺　　❺ 王团南大寺　　　❽ 九彩坪拱北、九彩坪道堂　⓫ 通贵门宦道堂
❸ 望远清真寺　　　❻ 余羊清真寺　　　❾ 马化龙拱北

第一节 概述

隋大业六年（公元610年）伊斯兰教开始兴起，唐武德五年（公元622年）穆罕默德与其追随者从麦加迁徙到麦地那，立即建起了第一座礼拜寺。虽然礼拜寺形制简单，但以礼拜的方式凝聚穆斯林，从此成为日益牢固的伊斯兰教传统。礼拜寺的建筑与伊斯兰教的传播同步发展，伊斯兰文化的许多特征也就在礼拜寺的建筑上体现了出来。

一、伊斯兰教建筑的历史沿革

自伊斯兰教传入中国以来，经过长期的发展和演变，逐渐形成了具有中国特色的伊斯兰教，先后在回、维吾尔、哈萨克、东乡、柯尔克孜、撒拉、塔吉克、乌兹别克、塔塔尔、保安等10个民族中传播发展。伊斯兰教对这些民族的形成有着重要作用，并对其政治、经济、思想、文化产生了极为深远的影响。据宋《册府元龟》记载，从唐永徽二年（公元651年）起，伊斯兰化的波斯（大食）国就不断遣使大唐，有的使者长住长安，在长安建起了礼拜寺。随着哈里发统治时期海上贸易的扩大，阿拉伯商人在中国沿海城市广州、泉州、杭州等地经商，在所到之地建起了礼拜寺，也随之为归真在当地的蕃客、胡商建起了墓地拱北。这些早期的礼拜寺、拱北建筑，较多地保留了西亚阿拉伯伊斯兰建筑风格。宋代以后，礼拜寺及拱北等建筑的形制和风格逐渐发生了变化，渗入了中国传统建筑的元素。元代，伊斯兰教礼拜寺开始被称为清真寺。明代，随着中国回族共同体的形成，清真寺、拱北等建筑多以传统的四合院的建筑形制和殿堂式风格出现，多分布在内地江河交通发达的地区，如运河沿岸。大量内地的汉族和其他民族加入，成了回族的主要构成部分，他们把多种文化因素，特别是中国传统文化的因素带进了一个新的民族共同体的内涵中。虽然伊斯兰教的教义教规传承千年而不变，但信仰伊斯兰教的中国回族又有一个根植于中国而中国化的过程，这一过程也很自然地反映在建筑文化上。

根据中国伊斯兰教建筑的产生和发展的特点，参考邱玉兰、于振生老师于1992年编著的《中国伊斯兰教建筑》分为五个历史时期：

（一）移植时期

自唐永徽二年至宋朝末年约600年的时间，是伊斯兰教的移植时期。

唐朝是我国封建社会的鼎盛时期，而当时的西亚阿拉伯伊斯兰帝国同样处于兴盛时期。双方的边境在中亚一带连接起来，两个世界上最强大的国家在经济、文化等方面的交流与交往在这个时期也进入了一个新的阶段。

据《中西交通史料汇编》记载，唐朝末年居广州的阿拉伯人、波斯人以及犹太教、基督教、祆教教徒多达12万人。依照教义，穆斯林要进行礼拜、聚礼和会礼就必须要建造清真寺，于是，便为清真寺这种建筑类型在中国的出现提供了必要的条件。广州的怀圣寺、泉州的圣友寺等虽然具体修建年代不可考，但都可以界定为这一时期修建的。这一时期的几处古清真寺都具有如下特点：建筑的总体布局不强调轴线对称，门、礼拜大殿、宣礼塔等主要建筑多为砖石砌筑，用尖券或穹隆顶，造型为阿拉伯式样，与中国传统木构架建筑完全不同，表现出移植时期的明显特点。

（二）形成时期

宋末元初至元末明初近90年（1279～1368年）的时间，为伊斯兰教建筑的形成时期。

南宋末年，成吉思汗西征，至1258年旭烈兀攻陷巴格达，征服阿巴斯王朝。蒙古统治者为了取代南宋王朝，征调被征服的广大西域诸国的大批的中亚、波斯、阿拉伯的穆斯林作为军士、工匠到中原来。同时，由于东西交通大开，东来的穆斯林也多了起来，他们与早先来华的回回先民汇为一体，成为"色目人"的主要组成部分。蒙古人称这些人为"撒儿塔兀勒"，汉族人则以"回回"称呼他们。这时期，还有一些改信了伊斯兰教的蒙古、汉等民族的人和一部分维吾尔族人加入到"回回"的队伍中，形成了"元时回回大盛"的局面。

元朝时我国信仰伊斯兰教的回回族已经逐步成为一个新的民族。他们以共同的心理状态、风俗习惯、宗教信仰，形成了政教合一的教坊制度，推动了回回民族的形成和发展。

这一时期的伊斯兰教建筑，无论从规模还是数量上都远远超过前一个时期，据史书记载，仅元大都就有清真寺30多座。现存的几处重修的清真寺内的元代石碑及现存的几处清真寺和墓祠建筑表明，元代的伊斯兰教在建筑形制上从布局到外观造型，尚保留着某些阿拉伯形制和做法，但同时也借鉴了中国传统建筑的布局，以及木构架体系，运用纵深式院落，组织各种单体建筑，初步形成了中国特有的伊斯兰教建筑形制。

（三）高潮时期

明代初年至鸦片战争（1368～1840年）的近500年间，伊斯兰教在中国有了很大的发展，同时，伊斯兰教建筑也得到了空前的大发展，形成了内地以回族为主的清真寺、拱北和新疆地区维吾尔等民族的礼拜寺、麻扎这两种形制不同、风格各异的中国伊斯兰教建筑体系。

明朝聚居在中国各地的"回回"，分布越来越广泛，已经形成了一个完全独立的民族。随着经济的发展，在回族中产生了两极分化。明末至清初，甘肃等省先后出现了教主世袭的门宦制度。伊斯兰教建筑则出现了教经堂、道堂、拱北等建筑类型，还常将各类型的建筑组合在一起，形成庞大的建筑组群。

清朝时期的伊斯兰教建筑已经完全形成了中国特有的伊斯兰教建筑的两大体系。内地的清真寺均已采用木构架，平面布局多以礼拜大殿为中心，采取纵深式院落布局，如西安化觉巷清真寺，在窄长的地段布置了五重院落，礼拜大殿在最后，高大雄伟，庄严而华美。新疆地区的伊斯兰教建筑，按照当地传统继续发展，更多地保留了中亚一带的形制，与当地的建筑材料、建筑技术、建筑艺术相结合，形成了新疆地方特有的中国伊斯兰教建筑体系。礼拜寺平面布局灵活，不追求轴线对称，多采用内外殿形式。

（四）停滞衰退时期

从鸦片战争至20世纪中叶的一百多年间，由于战争的原因，许多伊斯兰教建筑遭到了不同程度的毁坏。伊斯兰教建筑多呈现出停滞和衰退现象。一些新建的清真寺，其规模、质量和艺术水准也远不如前一时期。

鸦片战争后，西北各门宦制度有一定发展，许多教主和宗教上层人物为扩大自己的势力范围，招揽信众，兴建了许多规模宏大的道堂。在道堂内不仅有道厅等传播宗教的建筑空间，同时还兼有清真寺、拱北、客房、沐浴间及账房等建筑，形成了规模较大的建筑群，如宁夏吴忠的鸿乐府道堂、板桥道堂、甘肃临潭西道堂、新疆喀什教经堂等，都是突出的代表。

（五）新生时期

从新中国成立至今，是清真寺建筑的新生时期。

新中国成立以来，党和人民政府制定宗教信仰自由政策，并贯彻落实尊重少数民族的风俗习惯等正确的方针政策，许多清真寺等伊斯兰教建筑予以重建修葺，使许多著名的清真寺和其他建筑得以妥善保护，重放光辉。

二、宁夏伊斯兰教建筑

自唐代以来，就有不少阿拉伯和波斯商人、工匠、学者在宁夏的灵武等地定居，成为宁夏回族先民。北宋、西夏时期又有一些人作为贡使、商人在经过宁夏时留居此地。13世纪以来，在蒙古军队的三次西征中，大批被征服的中亚、西亚穆斯林被编为"探马赤军"，留在西北地区驻屯，"探马赤军"作为蒙古军队的组成部分，参加了元朝灭亡西夏的战斗，后相当一部分屯驻宁夏，随之又成为本地居民。宁夏回族人口主要是元朝时期发展起来的，历史上有"元时'回回'遍天下，居陕、甘、宁者尤众"的说法，到明清时期这一发展势头仍在持续，灵州和固原各州县在明初时有大批'回回人'迁入，清朝已经形成"宁夏至平凉千余里，尽系回庄"的局面。

宁夏是我国最大的回族聚居区，根据《2013年宁夏统计年鉴》，全区人口647.18万人，其中汉族人口为412.15万人，占63.68%，回族人口为230.12万人，占35.56%，其他各少数民族人口为4.91万人，占0.76%。宁夏回族人口占宁夏总人口的34.5%、全国回族人口的1/5、全国穆斯林的1/10。宁夏是有着"穆斯林省"之称的中国唯一的省级回族自治区。

在宁夏，回族人口占总人口的比重超过或接近50%的县市有：泾源县（97%）、同心县（81.3%）、海原县（69.5%）、利通区（56.0%）、西吉县（51.5%）、灵武市（48.5%）。从以上数据可以看出宁夏回族人口主要集中在同心县、海原县、西吉县、固原市、银川市、吴忠市、石嘴山市、灵武市、泾源县、平罗县等地区（图中数据为1991年统计）。整个回族人口在全区范围内呈现出大聚居小杂居、大杂居小聚居的状态。在回族人口较多的宁夏地区，伊斯兰教建筑分布十分广泛，特别是回族人口密度最大的西海固地区，更是比比皆是。

宁夏伊斯兰教建筑包括清真寺、拱北、教经堂及道堂等类型，其中最重要的是清真寺，建造的数量也最多，是信仰伊斯兰教的广大穆斯林在政治、经济、文化等方面的集大成者（图5-1-1）。

位于宁夏同心县的韦州清真寺就是当时规模最大的清真寺之一，相传始建于元末，平面布局左右对称，两进院落。邦克楼位于两院交界处，三层耸立，为十字屋脊，檐下带斗拱。礼拜大殿规模宏大，屋顶为三脊二卷，即三个歇山屋脊两个卷棚屋脊勾连搭组成，殿内可容纳千人礼拜。

民国时期（1922～1923年）重建的宁夏吴忠鸿乐府道堂由道堂、拱北、住宅、花园、客房、水房、厨房、账房等建筑组成。道堂是三合院式的传统建筑群，主殿屋顶为卷棚和当地民居常见的平屋

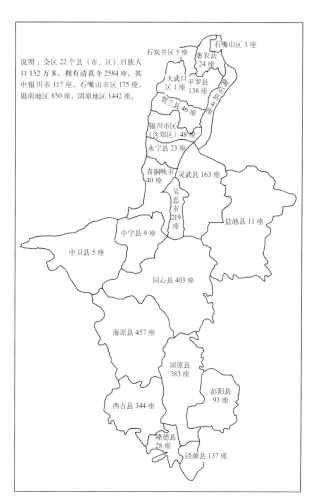

图5-1-1 宁夏回族自治区清真寺分布图（根据1992年《宁夏清真寺概况》清绘）

顶相结合，主厅的外面采用周围廊的布局，屋顶为平顶加精致的檐口，连廊上不加设垂花柱，形制较为华丽。大门屋顶则为硬山与卷棚勾连搭形成的，加左、右旁门共三道，教主走中间一道，其他人走旁门，体现了伊斯兰教门宦制度的等级森严。

第二节 清真寺建筑

一、清真寺建筑综述

清真寺，通常又叫礼拜寺。阿拉伯语称为"麦斯吉德"（Masjid），意为"叩拜之处"，其最初的职能是伊斯兰教众进行宗教活动（礼拜）的场所。中国历史上将伊斯兰教礼拜处统一定义为清真寺，以前的史书文献中称谓比较多，有礼堂、祀堂、礼

拜堂、教堂等。至公元15世纪，"清真"一词被伊斯兰教广泛使用，清真寺逐步成为伊斯兰教寺院的专有名词，而新疆地区则一直将伊斯兰教寺院称为礼拜寺，并沿袭至今。

清真寺的社会职能多样化是它的重要特点之一，正是由于清真寺的宗教职能和社会职能是多元化的，因此它的构成也是由许多功能不同的单体建筑组合在一起的，形成了较庞大的建筑群。清真寺大都位于伊斯兰教寺坊的中心，交通便捷，处于繁华热闹的市场中央，商业发达，人流集中，与教民的联系十分方便，以此满足广大教民的礼拜以及日常生活需要。回族清真寺都以其庄严、神圣、肃穆、幽静为总的审美特征，均由礼拜大殿、讲经堂、邦克楼、望月楼和沐浴室几大部分组成。

宁夏最早的清真寺始建何处，由于缺乏确凿的历史记载及实物印证，至今没有定论。目前从史志中能发现的较早的古清真寺记载当为《嘉靖宁夏新志》。在该书卷首附图上，绘有当时银川城"礼拜寺"的图址，并注明了"回纥礼拜寺在宁静寺北"，其面积相当于城内显赫的贵族宅地丰林王府和真宁王府。此外，同心县韦州大寺，据传是根据明太祖朱元璋御赐之图所建，过去寺内保存有清康熙四十八年（1709年）的匾额和道光二十五年（1845年）的两块寺碑，可惜均已遗失。现存的同心清真大寺，始建于明代，寺门附近嵌有明万历、清乾隆石雕横额，说明至少有400多年的历史。据2004年的不完全统计，宁夏全区境内清真寺有3000余座，其中仅银川市就有200多座。

宁夏地区的清真寺建筑依据伊斯兰教义，在其形成和发展的过程中，遵循了中国伊斯兰教建筑的许多共同的规律，形成了伊斯兰教建筑有别于其他宗教建筑的独有形制和风格，同时由于独特的地理位置、气候条件、民族风俗、宗教文化、地方材料和传统建筑技艺等方面的差异，使宁夏清真寺在建设规模、平面布局、空间处理、外观造型等方面与全国其他省份有较大差别。

（一）宁夏清真寺建筑的组成

宁夏清真寺建筑主要包括门前的影壁、大门（常常与邦克楼或望月楼相结合）、穆斯林进行礼拜和各种宗教活动的礼拜殿、为礼拜服务的邦克楼或望月楼、沐浴室、阿訇办公和生活起居用房、寺管会办公室、讲经堂（讲堂）、客舍、接待室、灶房、斋月共同进餐的食堂、杂物间、卫厕等。

1. 影壁

宁夏传统建筑风格清真寺的影壁有设在大门内、外两种。设在门外的置于院落外部大门之前，位置与大门同在院落的东西轴线上；设在院内的，一进大门迎面即是高大的影壁，有时还在影壁的两侧相连设置对称的月亮门，例如据记载，银川清真中寺初建于民国20年（1931年），当时规模较小，仅有7间（大殿3间，配房2间，沐浴室2间），后于民国28年（1939年）在原址重建，建筑风格为中国传统的宫殿式，砖木结构，布局对称，占地1.5亩。寺坐西朝东，由东至西的中轴线上依次布置着影壁、大门、邦克楼、礼拜殿、后窑殿等，两侧轴线上布置着月亮门（与照壁两侧相连）、沐浴堂，影壁设在大门之外的则置于道路的另一侧，正对大门楼，成为该寺的重要标志，也是中心轴线的起点，增加了建筑群的完整性。

宁夏清真寺的影壁平面一般呈一字形或八字形，下部是用砖石砌筑的基座，中部为青砖实砌或青砖包砌的土芯墙身。这部分的高度有所不同，外加简单的装饰，大多数主题是经文和对真主的礼赞，周边用一些吉祥图案，全都是植物纹样。上部起脊盖瓦，也有用砖砌的叠涩。影壁与大门之间形成的小型广场，便于组织人流与车流。

2. 大门

宁夏清真寺的大门、二门的形制比较特别，成了该地区清真寺建筑的重要标志之一。

宁夏清真寺的大门，有的带有屋顶，有的与邦克楼或望月楼相结合，屋顶形式有歇山顶或攒尖顶，一般为两层或三层，例如同心清真大寺的二门就是与邦克楼相结合的，纳家户清真寺的大门则是与望月楼和邦克楼相结合设置的；有的则类似于佛教建筑的山门，带有歇山屋顶，如同心县韦州大寺大门；还有少数清真寺大门为阿拉伯风格的券门，一般三开间，上置低矮的女儿墙，如永宁望远清真寺原大门（据寺管会马姓老人口述，大门已毁），门上均有匾额，题有寺名及楹联。

3. 礼拜大殿

礼拜大殿是穆斯林做礼拜和进行其他宗教活动的中心，既是叩拜真主安拉的场所，也是克尔白的象征。清真寺建筑群的布局一般都是以礼拜大殿为中心展开的，它是整座清真寺的灵魂。由于伊斯兰教教义规定，信徒礼拜的方向必须朝向圣地麦加的克尔白（天房），因此，在位于麦加东部的中国，所有的礼拜大殿一律坐西朝东，圣龛设置在后窑殿的西墙上，礼拜方向自然朝西，从而使得整个清真寺建筑群的主轴线多为东西走向。

伊斯兰教教义规定每天五次礼拜，每周五为聚礼日，每年开斋节、古尔邦节为会礼日。所有的聚礼、会礼都必须在清真寺里举行集体的朝拜仪式。因此，礼拜大殿一般规模都比较大，至少要能容得下上百人进行礼拜，大的则有上千平方米。随着教坊内的穆斯林人口的不断增加，礼拜大殿的规模也会相应扩大，因此，礼拜大殿的改建、扩建是经常发生的，而且具有灵活、随意的突出特点，这是其他宗教建筑所不具备的。

宁夏清真寺礼拜大殿一般由卷棚、礼拜殿和后窑殿三部分组成。

由于礼拜殿内的活动方式，等于席地而坐，简陋的铺炕席，华贵的铺地毯，宁夏地区现在常见的清真寺礼拜大殿内都铺着各式各样由教民捐赠的地毯。保持大殿的清洁是十分必要的，进入大殿前必须脱鞋，而出来时又必须穿鞋，这一点与其他宗教建筑迥然不同。礼拜大殿前一般要设置室内外的过渡、礼拜前脱鞋、礼拜后穿鞋所必需的空间，也是礼拜活动的前奏空间，屋顶形式常常采用卷棚歇山顶，故称此空间为"卷轩"。通常在卷轩处设置长凳，条件好的则要铺羊毛地毯，以供脱鞋、穿鞋之用。穆斯林一日五次礼拜是有规定时间的，来得比较早的人，就坐在长凳上叙家常，一直到礼拜的召唤声响起才脱鞋进入大殿做礼拜，礼拜结束后，没有什么急事的人一般都要在这里闲坐片刻。这样的一个半封闭、半开敞的过渡空间不仅有其实用的功能，更重要的是它能够提供一个交流信息、沟通感情的场所，这对于清真寺的文化功能贡献十分大。当礼拜的人多得大殿容纳不下时，卷轩也可以作为大殿礼拜空间的补充和延伸。

礼拜殿是大殿的主体部分，为了尽可能多地容纳信徒，空间要尽量地扩大，因此礼拜殿多为厅堂式，殿内一般无分割，有的只在柱子上部做一些镂空的雕饰、挂落以及简单的屏风作为室内空间的划分。后窑殿的西墙上还要设置一个标志物——龛门，龛门的形式多数是嵌入墙内，也有少数小规模的清真寺大殿的圣龛只在西墙上画一个券门的形状，有火焰状的龛门（新教常用的形式）和拱门的形式（老教常用的形式）。圣龛处的装饰较为华丽，多为对真主的赞辞。

4. 宣礼塔与望月楼

宣礼塔（minaret），又称拜楼、唤醒楼、密那楼、邦克楼（波斯语"Bang"的音译，意为召唤）等，宣礼塔在其产生的早期是宣礼人在每日的礼拜前向所在地的教民高声召唤时所用的登高之处。宣礼人念一段召祷词，多用阿拉伯语，意思是："礼拜的时间到了，请准备礼拜。"宣礼塔有木构、砖砌、土坯砌或几种材料混合的，平面有方形、长方形、六角形、圆形等，有两层、三层、五层等，位置与数量没有统一的规定。宁夏清真寺多沿轴线单独设置，有的则与大门或二门相结合设置，数量以一个或两个居多，如：同心清真大寺的邦克楼，虽然不在建筑群的主轴线上，但也在次轴线上，与清真寺的二门结合设置；永宁纳家户清真寺设置两个邦克楼分别位于清真寺建筑群的主轴线两侧，并与清真寺大门相结合。20世纪80年代以后修建的清真寺一般将宣礼塔放在礼拜大殿前的南北两侧，数量以两个居多，例如银川新华清真寺、南关清真寺、北关清真寺、西关清真寺等的两座邦克楼设在礼拜大殿的东侧，分立南北。

望月楼，又称拜月楼、明月亭等。伊斯兰教教历规定教徒每年必须守斋一个月，在斋戒期间白天不得进食，而且将斋月定在9月，即伊斯兰教教历的拉麦丹月。因此，必须在8月的最后一天傍晚观察新月，以确定封斋的具体日期。一般以两位有威望的穆斯林所见为准。所以，就需要在清真寺内选择宽敞的位置建造高耸的建筑，用来望月。宁夏境内现存的古老清真寺中只有纳家户清真寺在20世纪80年代重建的宣礼塔与望月楼各自独立设置，而大多数都与宣礼塔合二为一。

5. 讲经堂

中国伊斯兰教的经堂教育源于阿拉伯早期伊斯兰教育。回族经堂教育的创始人胡登洲（1522～1597年），字明普，陕西咸阳市郊区渭城人。从麦加朝觐归来后立志于学，在清真寺内讲授经卷，于是便产生了讲经堂这一建筑类型。

宁夏清真寺在总体布局中体现中轴对称，由于礼拜大殿是坐西朝东布置的，大殿前的厢房南北对称布置。北边的厢房作为阿訇讲经的地方，被称为讲经堂。有的清真寺开办阿语学校，则在清真寺内单独设置可以供更多的穆斯林学习的场所。在宁夏，许多规模较大的清真寺都开办了阿语学校，例如银川南关清真寺、同心清真大寺、改扩建后的纳家户清真寺等。规模较小的清真寺则利用非礼拜时间的礼拜大殿进行经堂教育，比如在封斋月专门为穆斯林妇女开办的《古兰经》学习班等形式。

6. 其他（沐浴室、墓地）

依据伊斯兰教教义的规定，穆斯林在每天五次的礼拜之前都要洗小净、每周的主麻日要洗大净，这对于参加礼拜的穆斯林来说非常重要。穆罕默德创教初期的清真寺还没有设置沐浴室，仅在寺内设置水池以供礼拜前的小净。这种在院子里设置水池的做法在规模较大的清真寺中也保留了下来，但已经不是最初的用途了，而是当作喷水池，成为院内一景。宁夏清真寺无论规模大小，一般都设有沐浴室，作为清真寺的重要附属建筑之一。由于有沐浴室的存在，就不可避免地要有锅炉和煤房等其他附属建筑。

位于城市中的清真寺由于占地面积有限，一般不设墓地，而在城郊或县郊的清真寺，无论大小，都在清真寺的南面或东面开辟墓地，有的墓地面积甚至大于清真寺本身的占地面积，例如同心清真寺东面即为一片面积很大的墓地，纳家户清真寺和望远清真寺则将墓地设置在清真寺南面围墙之外。

（二）宁夏清真寺建筑的空间布局

明清以来的清真寺通常采用三合院或四合院布局，在院落的空间处理上，将中心建筑——礼拜大殿布置于院落的几何中心，强调中轴对称。由于圣城麦加的克尔白位于中国的西方，教徒做礼拜时都必须面向麦加的克尔白，所以，清真寺的主体建筑大都采用坐西朝东的方位，中轴线也就形成了东西朝向的布局方式，大殿的两侧布置南北厢房。清真寺规模较小的为一进院落，即使是多进院落，也通过每进院落所设的厅、门楼、牌坊等使空间分隔，同时又使院落之间的空间通透，从而达到宗教空间氛围的层层深入（图5-2-1）。

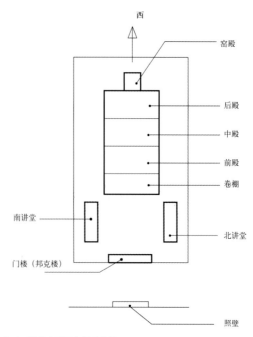

图5-2-1 清真寺平面布局示意图

宁夏清真寺建筑中礼拜的方向都对着真主指示的麦加天房。作为主体建筑的礼拜大殿，是供人们礼拜的地方，内部有基本设置——圣龛（米哈拉布）和敏拜尔。回族清真寺布局一般采用合院式。礼拜大殿是其中最重要的建筑，也是全寺规模最大的建筑，整座寺院的规划布局也都是围绕礼拜大殿这个主体建筑进行配置的。清真寺寺院主轴线都是东西向的，构成了"以西为贵"的庭院形制。礼拜大殿位于院落的西部，殿前两侧为南北厢房（南为沐浴室，北为教长室、讲经堂），寺门必对大殿，部分大寺由两进甚至四进四合院组成，大门、二门、邦克楼、沐浴室、讲经堂等建筑齐全，空间序列依次展开。

礼拜大殿为清真寺的主体建筑，规模宏大，空间高敞，平面形式多样，犹如一个大会堂。礼拜大殿的平面通常采用的形式有纵矩形、横矩形、凸字形、丁字形、十字形、工字形，其他还有六角形、亚字形、山字形或更复杂的平面组合。在每一种形式中，屋顶组合及造型也不相同，千变万化，是其他类型建筑中所罕见的。礼拜大殿的扩建也无明确的规定和较固定的制度，主要视教民的多少以及集资的情况而定。扩建的方向是向纵深方向加建，或是横向延展，完全取决于大殿的基址的具体情况，进行规划设计，而中国传统建筑木构架体系也为这种平面延展、空间组合和灵活分隔提供了可能性和自由度。

二、同心清真大寺

同心清真大寺，位于同心县旧城西北角的高地上，是宁夏现存历史最久、规模最大的清真寺之一，全国重点文物保护单位，始建于明万历年间（1573～1619年）。同心清真大寺的邦克楼与现存的照壁、南北厢房都是清光绪丁未年所建，1936年，中国工农红军西征时，曾经发动当地群众在此召开各界代表大会，并成立了中国历史上第一个县级回民自治政权——陕甘宁豫海县回民自治政府，1988年被国务院公布为全国重点文物保护单位（图5-2-2）。

（一）整体布局与空间结构

同心清真大寺的总体布局在大的原则上遵循伊斯兰教的教义规定以及中国内地传统风格清真寺的院落式布局，同时又结合当地具体的环境条件、地势条件进一步创新，从而形成了其独特的建筑艺术风格。从总平面上看，原大门设在南面（已毁，仅存抱鼓石），主要建筑物布置在两条轴线上，一主一次。主次轴线都是东西方向的，主轴线上布置着礼拜大殿，两侧是南、北厢房，北面厢房是讲经堂及阿訇的办公室，南面为接待室。南、北厢房虽然对称布置，但从装饰和体量上看并不是绝对等同的。次要轴线上从西向东依次布置着照壁、大门、二门（与邦克楼结合）、邦克楼以及在营造宗教气氛上起到重要作用的长长的台阶（图5-2-3）。

图5-2-2 同心清真大寺外观

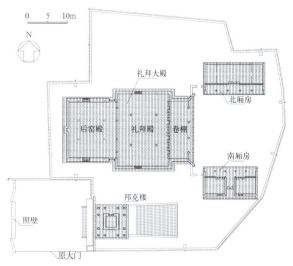

图5-2-3 同心清真大寺总平面图

(二) 单体建筑

1. 礼拜大殿

礼拜大殿坐西朝东，平面呈十字形，面阔五间，进深七间，由卷轩、礼拜殿、后窑殿三部分组成。大殿前卷轩平面呈长方形，面阔五间，进深两间，单独设置，正面卷轩前南北两侧均设斜出的短墙，呈八字形，并设踏步一阶。礼拜殿则是大殿的主体部分，平面为长方形，殿内仅有金柱四根。后窑殿平面亦为长方形（图5-2-4）。

大殿规模宏大，屋顶采用二脊一卷（两个歇山顶和一个卷棚顶）勾连搭形式，殿前卷轩檐柱间加透雕的木挂落。礼拜殿、后窑殿均为单檐歇山顶，大殿总高11.2米，明间面阔3.87米，次间面阔3.55米，梢间面阔1.85米，明间和次间均施平身科斗栱两攒，梢间仅施一攒。柱均为圆形直柱，角柱无明显的侧脚，收分不明显（图5-2-5、图5-2-6）。

大殿内为彻上明造做法，为了获得更为开阔的内部空间，且不遮挡视线，运用元代常见的"减柱造"和"移柱造"的做法，将金柱向左右推移，构成由四根金柱上承两榀屋架，柱上双重内额如杠杆一样承托屋架的垂柱，组成简洁、合理的承重体系，这是西北伊斯兰教建筑所独具的形制（图5-2-7～图5-2-9）。

2. 邦克楼

邦克楼位于礼拜大殿的南侧，与清真寺二门结合设置，平面呈方形，面阔三间，进深三间，东西南北每边均长8米。邦克楼面阔三间，平面内对称布置16根直径相等的柱子，柱径0.42米，其中4根通天金柱从一层贯通至二层，皆砌筑于墙内。阁楼下设置19级木梯，直通二楼。屋顶为四角攒尖顶，四面透空，省略周围檐柱，做成垂柱形式。垂柱之上再置斗栱，承托出挑深远的屋檐，柱间花牙子加长，如同挂落，镂刻植物纹样。屋顶四隅起翘较大，整个邦克楼姿态挺拔轻灵，秀丽多姿（图5-2-10～图5-2-12）。

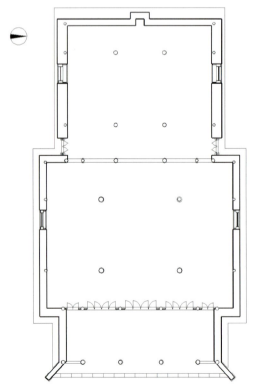

图5-2-4 同心清真大寺礼拜大殿平面图

图5-2-5 同心清真大寺礼拜大殿东立面外观

图5-2-6 同心清真大寺侧面外观

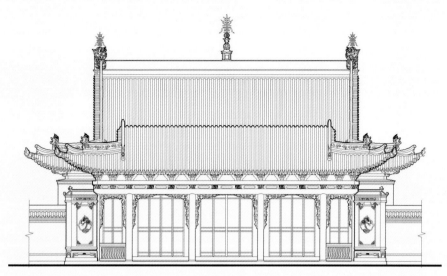

图5-2-7 同心清真大寺礼拜大殿东立面

图5-2-8 同心清真大寺礼拜大殿北立面

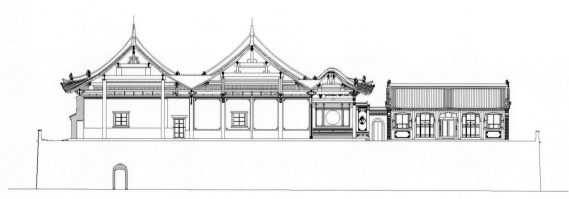

图5-2-9 同心清真大寺剖面图

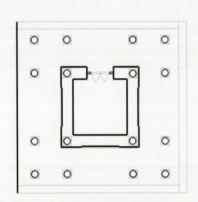  

图5-2-10　同心清真大寺邦克楼平面图　　图5-2-11　邦克楼立面图　　图5-2-12　邦克楼外观

3. 影壁

在大门或二门前置影壁是较具规模的清真寺常见的做法，同心清真大寺的影壁平面呈八字形，立面分为上、中、下三部分。中部壁身的上部仿做垂花门罩，中心有大幅砖雕"月桂松柏"，边上则以竹子、梅花等植物作为装饰，两侧以文字对联相伴。下部为稍加修饰的须弥座（卷曲的花卉图案与纳家户清真寺照壁上的非常相似）。顶部是秀丽的花卉砖雕的脊饰，檐下是密密层层的砖雕斗栱，且每攒斗栱昂头都有卷曲的花卉雕饰，图案及纹样的搭配十分得体，疏密有致。两侧的半高的影壁是后来增添的，较为简素。精美的八字形影壁与邦克楼东西相对，形成的寺前广场既严整又华美，独具地方特征（图5-2-13）。

4. 南北讲堂

南北讲堂（南北厢房）各为五间带檐廊的硬山配房，明间面阔3.10米，次间与梢间面阔均为2.90米。檐廊柱枋间，镂刻着精美的云纹挂落。西面山墙墙壁及廊檐左右墙壁，用砖雕成套环形、菱形和道教暗八仙的图案。两侧厢房西侧都设有小门，其中南厢房西端小门门楣上用砖刻有"出入是门"四字，北厢房西端小门门楣上用砖刻有"进退有度"四字（图5-2-14）。

三、纳家户清真寺

纳家户清真寺位于永宁县杨和镇纳家户村的中心，全国重点文物保护单位。据《永宁县志》记载："永宁纳家户清真寺始建于明嘉靖三年（1524年），原寺占地30亩，规模宏大，礼拜鼎盛，游人不绝。"相传清乾隆三年（1738年）地震，寺院遭到破坏，大殿前部分倒毁，清嘉庆年间复建。清同治年间，因战乱，大殿后半部又被捣毁，清光绪年间，信教群众捐资修复。

（一）整体布局与空间结构

纳家户清真寺的整体布局采用的是传统四合院的形式，东西向主轴线。主体庭院西部为礼拜大殿，南北两侧布置厢房，南面厢房是展厅、接待室和贮藏室，北面厢房设阿訇讲经堂、办公室以及满拉宿舍。庭院东部则是邦克楼与望月楼结合的大门。礼拜大殿和邦克楼位于主轴线上，主轴线两侧的南、北厢房基本对称布置。与传统四合院不同的是，在礼拜大殿的南面是一个更大的庭院，围合庭院的主要建筑是阿语学校、沐浴室、餐厅、厨房及贮藏室等，因此推测现在的规模应该是多次改扩建后的结果。在重要节日或活动时礼拜教民较多，大殿前主庭院就显得有些局促，

图5-2-13 同心清真大寺影壁

图5-2-14 同心清真大寺南讲堂外观

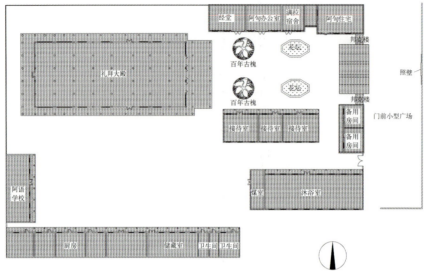

图5-2-15 纳家户清真寺总平面图

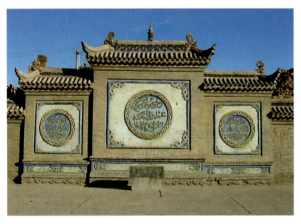

图5-2-16 纳家户清真寺照壁

因此，在不破坏整体布局的前提下采用了这种另辟新庭院的做法。在建筑群的空间组织上，为了烘托大殿的宏伟壮丽，采用了先抑后扬、欲放先收的做法营造庭院的空间关系。清真寺的大门前设置了一个小广场，不但可以用来将人的视线收缩在一个较小的空间内，还能作为门前停车场，与大门对应的是一个砖砌的影壁，进入拱形的门洞则将视线收缩到最小，甚至感觉有些压抑。当人们通过门洞进入庭院后，眼前则豁然开朗，两侧较低矮的厢房衬托得正中的礼拜大殿更加巍峨雄伟，两棵参天古槐使得庭院更加肃穆宁静（图5-2-15、图5-2-16）。

（二）单体建筑

1. 礼拜大殿

礼拜大殿坐西朝东，建于高0.4米的石砌台阶之上，平面呈长方形，底座呈"凸"字形，面阔五间，周围设有廊柱，进深八间，由殿前卷轩、礼拜殿两部分组成。礼拜大殿东西长53.58米，南北宽21.67米，殿前卷轩宽17.75米。大殿前卷轩平面呈长方形，东西长6.8米，南北宽17.75米，面阔五间，进深两间，单独设置。设踏步两级，有垂带。礼拜殿是大殿的主体部分，平面呈长方形，东西长43.2米，南北宽17.75米，殿内金柱28根，各柱间距不等。

礼拜大殿规模宏大，屋顶采用五脊四卷（五个单檐歇山顶和四个卷棚歇山顶）的勾连搭形式，大殿四周设有连廊。大殿最高处达11.5米，最低处7.6米。明间面阔3.58米，次间、梢间面阔均为3.55米，廊柱柱径0.4米，金柱柱径0.45米，柱高与柱径之比分别为11.17∶1和9.93∶1，与《清工部工程做法》中无斗栱建筑的柱高与柱径之比11∶1非常接近。柱头下施平板枋一道，高0.25米。上檐出1.53米，与檐柱高之比为1∶3.21，与《清工部工程做法》中的3∶10较接近。大殿为彻上明造做法，九檩屋架承托起庞大的屋面。梁架结构简

图5-2-17　纳家户清真寺礼拜大殿

洁而传力明确，几乎剔除了所有装饰构件，大殿梁架不使用斗栱，再次体现了宁夏清真寺简洁朴素的特征（图5-2-17~图5-2-21）。

大殿唯一使用斗栱的位置是正立面的檐部。柱间施四攒斗栱，斗栱尺度很小，几乎没有结构作用，属纯装饰性构件。柱头科与平身科并无区别，均为五踩三昂斗栱，没有出翘，第一翘的位置即为昂。昂嘴纤细而向上卷起，俗称"鹅脖"（图5-2-22）。

2. 望月楼

望月楼位于庭院的东面，高高的基座上为三层重檐歇山屋顶楼阁式木构建筑，檐下是简化了的斗栱——花牵。与礼拜大殿相对，南北两侧对称设置两座三层砖石结构的十字脊屋顶的邦克楼。望月楼平面呈长方形，东西长8.4米，南北宽13.62米。两侧对称设的邦克楼，平面为正方形，长2.20米，南北方向总宽19.62米。望月楼共三层，底层有三个门洞，中间洞宽2.78米，左右两侧洞宽均为2.00米。二层面阔五间，进深三间，周围廊。明间面阔3.40米，次间面阔2.80米，廊柱间距1.8米，进深4.80米。三层平面布局与二层相同。望月楼与寺门结合设置，总高21米。中间的砖拱门洞为主要出入口，两侧为辅（图5-2-23）。

四、望远清真寺

望远清真寺，也称望远桥清真寺，该寺初建年代据相关记载为清宣统二年（1910年），据寺内碑文记载：望远清真寺，始建于清同治年间，距今已近160年的历史，光绪二十八年（1902年）进行修缮，民国六年（1917年）再次维修，是全区仅存的三座清真古寺之一，虽年代久远，历经沧桑，但其主体风貌依然保存，2002年列为县文物保护单位。

（一）整体布局与空间结构

现存清真寺为传统三合院式布局。礼拜大殿为全寺的主体建筑，坐西朝东，位于寺院的主轴线上，大殿前两侧分别为南、北厢房，作为沐浴室和阿訇办公室（图5-2-24）。

（二）礼拜大殿

礼拜大殿建于低矮的台基之上，平面呈长方形，进深四间，面阔三间，东西长13.05米，南北宽16.3米。卷棚东西长3.00米，南北宽16.3米。由东至西依次为卷棚顶与歇山顶勾连搭形成的两脊两卷的屋顶形式。礼拜大殿的规模也是经过扩建后形成的，只是扩建的方向与纳家户清真寺正好相反，保留原来西面的一脊一卷，向东加建了一脊一卷。可见清真寺建筑平面改、扩建的灵活度是非常大的（图5-2-25~图5-2-29）。

图5-2-18 纳家户清真寺礼拜大殿侧面外观

图5-2-19 纳家户清真寺礼拜大殿西面外观

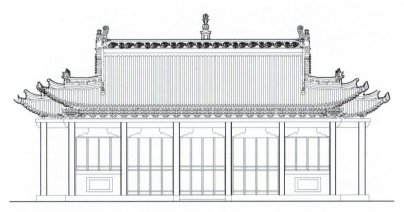

图5-2-20 永宁纳家户清真大寺礼拜大殿东立面

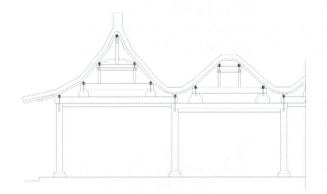

图5-2-21 纳家户清真寺礼拜大殿梁架剖面

图5-2-22 纳家户清真寺礼拜大殿檐下斗栱

图5-2-23 永宁纳家户清真寺邦克楼

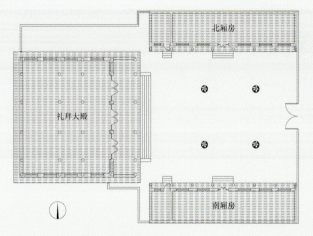

图5-2-24 望远清真寺总平面图

图5-2-25 望远清真寺礼拜大殿外观

图5-2-26 望远清真寺礼拜大殿侧面外观

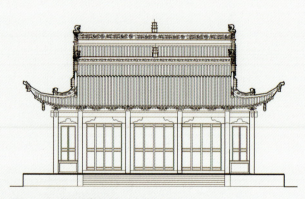

图5-2-27 望远清大寺礼拜大殿东立面

图5-2-28 望远清真寺檐下彩画

图5-2-29 望远清真寺礼拜大殿内部空间

五、银川清真中寺

银川清真中寺位于银川市兴庆区解放西街中寺巷，始建于1933年，于1937年扩建，1979年进行了维修，2000年又进行了落架维修，市文物保护单位。

（一）整体布局与空间结构

清真中寺原有面积约3600平方米，两进院落，总平面布局南北对称，轴线分明。入寺门，迎面为一高大影壁，将寺院分为前后两部分，影壁两侧设圆门通向内院。现影壁及圆门均已不复存在。寺门也已改建，沿街建起铺面房，中间设一过洞作寺门，清真中寺现存总建筑面积为1924平方米（图5-2-30）。

（二）礼拜大殿及厢房

内院主体建筑礼拜大殿仍保留原建筑式样，为传统建筑风格，由一卷（卷棚）、一脊（歇山顶）勾连搭而成，面阔五间，进深17米，建筑面积为289平方米。卷棚前为6根圆木立柱，檐下的斗栱为五彩彩绘，以绿白二色为基调，勾勒出花卉、植物及生活器皿。大殿内梁架结构轻巧纤细，大殿外有八字墙与南北厢房相连，南、北厢房各五间。院内筑花池，植松柏花卉。整座清真寺布局紧凑，环境幽静（图5-2-31～图5-2-34）。

图5-2-30　银川清真中寺院落空间

图5-2-31　银川清真中寺礼拜大殿

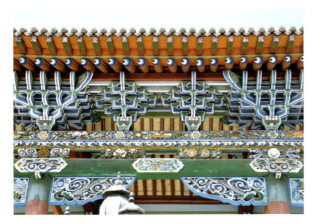

图5-2-32　银川清真中寺礼拜大殿檐下斗栱

图5-2-33　银川清真中寺礼拜大殿前廊空间

六、王团南大寺

王团南大寺位于宁夏同心县王团镇北村，始建于1924年。县文物保护单位。

（一）整体布局与空间结构

该寺由大门、礼拜殿、北配房以及偏院附属用房组成。北配房为进深两间、面阔五间，前带廊，双坡屋顶。清真寺大门朝南，门前设广场，进入大门后是较为开阔的院落，四面院墙围合。礼拜大殿为院内中心建筑，位于院落的西边，大殿北面为一偏院，设置沐浴室、餐厅、厨房及满拉住房等辅助用房。

（二）礼拜大殿

礼拜大殿坐西朝东，建在一个方形大台基上，平面为"凸"字形，由卷轩、礼拜殿及后窑殿三部分组成。入口处的卷轩面阔三间，进深六架椽，南北山墙各延伸出一段1米长的八字短墙，墙上刻有精美砖雕。礼拜殿面阔五间，后窑殿面阔三间收进。整个大殿内仅见金柱两根，柱东西向各出两根略细的人字形斜撑。

礼拜大殿虽然规模不大，但屋顶形式丰富多彩。入口处卷轩为单檐卷棚歇山顶，中部前殿为单檐歇山顶，而位于最西部的后窑殿则选择了重檐歇山顶以示重要（图5-2-35～图5-2-38）。

（三）装饰

正立面卷轩檐下斗栱丰富，柱头科、角科、平身科一应俱全，且形态各异，其中柱头科及明间正中的平身科斗栱形式相同，是西北常见的如意斗栱。

整个大殿木构部分不施彩绘，采用的是宁夏地区较为多见的"白木构"，筒瓦及屋脊处的饰物均为灰色，大殿肃穆、静雅。唯一的装饰都集中在了入口卷轩处山墙及45度斜出的八字短墙的砖雕上。山墙上的砖雕分为上、中、下三段，上部以宗教器物、菱形纹、回纹为装饰主题，中部则是精美的阿拉伯文字，下部是砖砌的基座部分（图5-2-39、图5-2-40）。

七、余羊清真寺

余羊清真寺位于固原市泾源县泾河源镇余羊村，始建年代不详，于康熙三十年（1694年）和光绪三十三年（1907年）重修，县文物保护单位。

余羊清真寺由礼拜大殿、东厢房、北水房组成。大殿坐西朝东，面阔七间，宽19.3米，进深20米，建筑面积386平方米。礼拜大殿屋顶为歇山顶和卷棚顶勾连搭组成，檐下斗栱繁密，斗栱简洁，各部件受力清晰明确，坐斗直接出昂，昂嘴斜向下，形态、做法均与宁夏中北部不同。殿内有两

图5-2-34　银川清真中寺礼拜大殿后窑殿室内空间

图5-2-35　王团南大寺外观

图5-2-36 王团南大寺礼拜大殿侧面外观

图5-2-37 王团南大寺礼拜大殿正面外观

图5-2-38 王团南大寺北立面外观

图5-2-39 王团南大寺礼拜大殿檐下斗栱

图5-2-40 王团南大寺礼拜大殿室内人字形斜撑

图5-2-41 余羊清真寺礼拜大殿及后窑殿外观

图5-2-42 余羊清真寺礼拜大殿檐下彩绘

根金柱，梁架、檩、椽、门窗等构件均有几何形图样彩绘。后窑殿则为两层六角形攒尖顶，屋顶为琉璃瓦及云兽瓦覆盖，隔扇均有花卉主题的木雕（图5-2-41、图5-2-42）。

第三节 拱北建筑

回族在中国"大分散、小聚居"的分布特征决定了回族聚居区因其不同的地理气候条件、不同的人文环境和不同的时代影响而形成了多种多样的回族哲学思想和社会思想的表现形式。例如在西北的甘宁青地区，回族居住较为集中，地方经济落后使得该地区的回族群众对宗教的感情十分浓厚，而对于当地的回族上层人士来说，他们也希望在宗教中找到一种既能突破教坊制度束缚，又能扩充自己经济实力的方式，伊斯兰教苏菲思想的传播，恰好符合回族各阶层情绪的表达，因此苏菲派思想在西北地区得到了传播。

门宦是伊斯兰教苏菲主义派别及所属各支派在中国回族穆斯林中的通称，于清初产生于西北的河州、循化等地，至清光绪二十三年（1897年），始有"门宦"一词出现。门宦派崇拜教主，在教主墓地建立亭室，称为"拱北"，加以崇拜。

一、拱北建筑综述

拱北在中国内地主要指苏菲学派的传教士、各门宦的始祖、道祖、先贤等的陵墓建筑。元代以前，来华的伊斯兰教传教士的墓庐多为圆拱形建筑，具有阿拉伯建筑风格。中国伊斯兰教苏菲学派各门宦在其创传人、道祖的坟墓上建造拱北，始于清代乾隆、嘉庆年间，其建筑形式与明清时的中国传统建筑相融合，墓庐多用形似阿拉伯的穹顶与中国传统屋面的攒尖顶相结合的盔顶，附设的礼拜殿、坐静室、诵经堂和居室等建筑的屋顶，多为歇山、卷棚、硬山等中国传统建筑的屋顶形式。拱北建筑装饰更是采用了中国传统建筑的彩绘和砖雕技法镌刻《古兰经》文、植物花卉以及传统道教、儒家寺庙常用的装饰主题。

二、拱北建筑空间艺术特征

拱北建筑群的总体布局呈现由简至繁、由单一墓庐发展为空间宏大的建筑群体的趋势。早期建在东南沿海的唐宋时期的回族先贤陵墓，保留了阿拉伯传统建筑形制，地面墓室建筑平面为正方形，呈穹隆形过渡，上覆半圆形拱顶，无复杂装饰，简单、朴素。著名的有位于广州城外流花桥畔的宛葛素墓，它是唐代阿拉伯传教士艾比·宛葛素的墓地，建于唐贞观三年（公元629年）。还有福建泉州东郊灵山南坡的灵山圣墓，据明何乔远《闽书》载，为唐武德年间到泉州传教的穆罕默德门徒三贤、四贤的陵墓。墓室地面铺方形石，墓穴由花岗岩石板铺砌，墓穴上并排安置两座墓顶石，分三层，上、中层素面无雕饰，墓盖底座环刻莲花瓣图案，墓石截面呈拱形。全墓高0.6米，专家考证墓室方形石基上原有圆顶结构。

到了明清时期，拱北建筑群无论是总体布局，还是殿、厅、亭等的建筑形制都已融合了中国传统的前堂后寝的陵墓制度而趋于成熟，形成了在东西向主轴线上布置墓庐、牌楼、礼拜殿、厅、影壁、亭等主体建筑，讲经堂、阿訇住房、沐浴房等对称置于轴线两侧，辅以中国传统园林式的绿化庭院的布局形制，达到了建筑与环境的和谐统一。

中国西北伊斯兰教苏菲学派各门宦在其创传人、道祖的坟墓上建造的拱北，规模都很大，多由数个院落组成，有主体的墓祠院，也有为参拜人居住的客房院，还有礼拜殿、阿訇住宅及杂物院等，形成了宏大的建筑组群。在墓祠前置礼拜殿，前堂多用卷棚顶，后寝则用攒尖顶。比较简单的拱北采用六角形或正方形单层攒尖顶，大型的拱北则采用一层、二层或三层的六角形、八角形重檐塔楼，并使用彩绘、雕刻等手法加以精心雕琢，这是中国穆斯林采用中国传统木构建筑的表现形式对伊斯兰教陵墓建筑的一种创造。

三、二十里铺拱北

固原二十里铺拱北位于固原市原州区开城镇二十里铺村，是嘎德忍耶九彩坪门宦的重要拱北之一，自治区文物保护单位。

建筑群的历史沿革：康熙十六年，当地有人拟在此处建佛塔，修建过程找到墓志，遂佛塔未建，而建伊斯兰教拱北一处（见乾隆十六年重修先仙石墓碑记），是为"先仙古祠"。乾隆三十八年（1773年）碑记："……而至本朝乾隆甲戌岁，历年久而越世深，其京顶香舍均皆泻漏，缓有本镇弁员数士方将立会募修……扩整京顶香舍卷棚牌坊……刊刻卧碑于卷棚之旁，历历可考。至其后之增益东楼，重修厨室，则其由来亦有匾额炳照。今至乾隆壬辰秋有本城旧族……在京顶卷棚以及香舍仍行泻漏……京顶卷棚香舍两楹通加补修……于是……山门不称其观而改以为之。山门即美，则门外旗杆牌坊与门内照壁引路皆不可缺，遂又竭力不数月而告竣焉。""同治初年，频遭兵燹，寺院倾圮。"拱北建筑群二层台上木建筑多为清末重修。根据《回族美术史稿》记载："固原二十里铺拱北的建筑格局为六进式。围墙内第一进为门厅，第二进为院落，第三进为砖坊，第四进为拱北内门，第五进为墓室，第六进为后院。墓室前有祠院，左为客房，右为外院，规制完备。穆斯林在此举行宗教活动后，还可休憩。拱北内有大小三座陵墓，攒尖顶亭式的墓祠，硬山、歇山等形状的门厅、庭院诸建筑，覆以辉煌耀眼的琉璃瓦，飞檐、鸱吻、斗拱、亭刹或伸张，或高耸，轮廓丰富。"（图5-3-1、图5-3-2）。

拱北建筑群坐落在银平公路清水河对岸的东面山坡，整个建筑群依山就势，布局有序，规制完备。拱北建筑群自下而上分三个区域布局，山下是重檐歇山顶的清真寺大殿，背对清水河，门向东开，由清真寺大殿对面大台阶上第一层平台，这是一组有着完整空间序列的建筑群。整座建筑群坐落在一个七八米高的砖砌高台上，入口为砖砌拱形门洞，上置单檐歇山顶亭式木构建筑，面阔三间，进深两间，穿过门洞，进入一个长方形的院落，周围环以高墙，地面为缓坡，逐渐上升，至南部则又是一个院落，北面为硬山带前后廊的面阔五间的门式建筑，穿过门厅，进入一个典型的传统风格四合院，再由庭院转向西，是一个较为狭小的院落，南墙上是一个五开间砖砌影壁，影壁对应的北面是高台上的三开间砖砌门式牌坊，上台阶穿过牌坊达第二层平台，进内门入拱北院落，在高耸的二层台面上，卷棚琉璃屋顶的"静心堂"环以立柱，出檐成廊，高踞于建筑群之上。六角单层盔顶琉璃瓦屋面的墓庐亭高出"静心堂"的屋顶，将整个建筑群的立面构图推向高潮（图5-3-3～图5-3-7）。

建筑群最为突出的特点是利用高台地形层层筑起，墓庐高高在上，给人以非常崇高雄伟之感。庭院布置也能够充分利用地形，使平面空间井井有条。

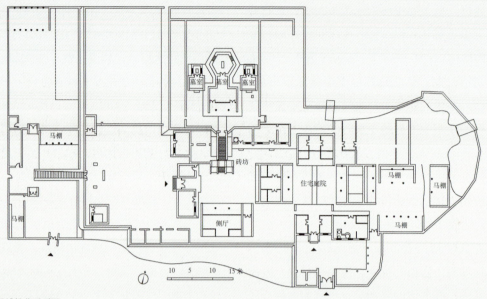

图5-3-1 二十里埔拱北平面图

图5-3-2 二十里埔拱北剖面图

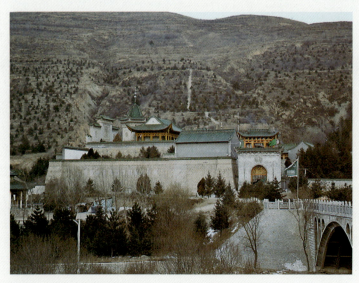

图5-3-3 固原二十里埔拱北远景

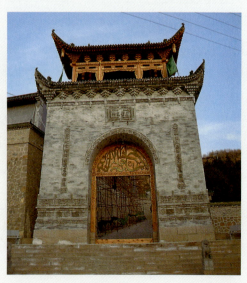

图5-3-4 固原二十里铺拱北大门

图5-3-5　固原二十里铺拱北门式砖牌坊

图5-3-6　固原二十里铺拱北静心堂

图5-3-7　固原二十里铺拱北墓庐　　图5-3-8　九彩坪拱北远景

四、九彩坪拱北

九彩坪拱北位于宁夏海原县九彩乡九彩坪村的疙瘩山巅上，是伊斯兰教嘎德忍耶门宦第七辈杨道祖和第五辈冯道祖及安老真师杨枝荣等人传播伊斯兰教的基地，自治区文物保护单位（图5-3-8）。

九彩坪拱北建筑群分为山顶拱北区、七祖静室道堂区、山下拱北礼拜区、堡子区女客住宿区、山洼绿化区以及加工区六个部分，占地面积约16600平方米。

山顶拱北区建筑群坐北朝南，呈三进院落布局，入口为一组合影壁，中间高大，两侧矮小，于两侧小影壁各辟一拱形门洞。由拱门进入则是一狭小院落，将人的视线压低，沿中轴线穿过甬道，进入第二进院落，东、西两侧为偏厅。穿过尖拱形券门，便进入了第三进院落，内为与中和堂相连的三座拱北墓庐，中间高大，两侧低矮，居于院落的中央（图5-3-9～图5-3-11）。

中和堂主体建筑和两侧附属建筑均面阔三间，卷棚顶，中间三间凸出，两侧各三间向北退让，屋顶也为中部高大，两侧低矮，从而凸显墓庐主人身份的等级差别。与中和堂主体建筑相连的八卦亭墓庐是嘎德忍耶门宦第七辈杨保元道祖之墓，外形为六面体，上覆盔顶。盔顶是中国传统建筑的屋顶形式，多用于碑、亭等礼仪性建筑，其特征是没有正脊，各垂脊交会于屋顶正中，即宝顶。在这一点上，盔顶和攒尖顶相同，不同的是，盔顶的斜坡和垂脊上半部向外凸，下半部向内凹，断面如弓，呈头盔状。墓庐内是四方底座、圆拱顶。这种外表亭式、内置穹隆顶的建筑形制既运用了伊斯兰风格的四方体圆拱顶的建筑特色，又继承了中国传统建筑的风格，它是回族对中国传统陵墓建筑的一个创新（图5-3-12、图5-3-13）。

五、马化龙拱北

马化龙拱北，又名四旗梁子拱北，位于吴忠市北门外东侧，是哲合忍耶第五代教主马化龙的墓地。自治区文物保护单位。

拱北建筑群占地面积约2000平方米，墓塔高24米，平面为六角形。六角形的平面有一定的寓意：一是按哲合忍耶的六角帽形设计；二是象征着伊斯兰教的六大信仰。

拱北底座高1.8米，下有9层台阶。底座上面围有0.51米的"垂卦财子"栏杆，每个栏杆上面都精

图5-3-9 九彩坪盘山廊道入口

图5-3-10 拱北前院入口

图5-3-11 九彩坪拱北入口牌楼

图5-3-12 九彩坪拱北中和堂

图5-3-13 海原九彩坪拱北"八卦亭"墓庐

图5-3-14 吴忠四旗梁子拱北外观

雕细刻花草图案。拱北建成后，表面全部用青砖灰粉饰，内全部用白色大理石镶嵌，立面装饰的各种花草图案全部是水泥浮雕。

所有单体建筑的屋顶、披檐均覆墨绿色的琉璃瓦，所有建筑物的墙面都贴装砖雕，并在每层各面外露的横木、额枋上做木雕花板。整个建筑高低错落有致，做工精巧，装饰华丽，为宁夏回族拱北建筑中的佼佼者（图5-3-14～图5-3-16）。

图5-3-15　四旗梁子拱北——八卦墓庐

图5-3-16　四旗梁子拱北拜厅

第四节　道堂建筑

道堂是苏菲派各门宦"穆勒什德"静修传道、管理教民的场所，汉语称为静室或静房，阿拉伯语称为"哈尼卡"或"扎维亚"，多是偏僻简陋的暗室或静房，后来随着苏菲派的世俗化，道堂的性质也发生了变化，成了门宦的传教中心。

西北各苏菲门宦根据自己的影响大小和经济实力，建有规模不一的道堂。道堂不仅是教众做礼拜、学教义、讲经布道的地方，而且也是教主指管教务和世俗事务的所在地。道堂建筑一般由拱北（陵墓）、静修室、讲经堂、藏经亭以及附设的清真寺建筑组成。

道堂多为中国传统庭院式布局，建筑风格多种多样、规模不一。有的门宦中，道堂是拱北建筑群的一个组成部分，有的门宦道堂和拱北是融为一体的。拱北和道堂的修建，是西北门宦的主要宗教特征，是西北回族重要的文化遗存，对于西北回族的社会、政治、经济、宗教具有一定的意义和用途，其设计思想、总体布局、艺术造型、美术装饰、书法绘画凝聚了回族人民的民族意识、宗教信仰和心理素质，也反映了回族人民在建筑艺术方面的技术水平及民族特色。

一、板桥道堂

板桥道堂位于宁夏吴忠市利通区，始建于清代光绪年间，为哲合忍耶教派传教的学堂，自治区文物保护单位。

整体建筑由大门、道厅、拱北、清真寺四部分组成，占地面积1万平方米。道堂的大门朝西，是三开间的庑殿顶式门楼，中间高大，两侧开间矮小，同时各出一道八字墙（图5-4-1）。道厅是院落内的主体建筑，建在一个方形带栏板的台基之上，坐北朝南，平面呈正方形，面阔九间，带周围廊，平屋顶四面带绿色琉璃瓦屋檐，平屋顶的上部正中是一个六角攒尖顶的亭式建筑，四角各设一座西北地区拱北常用的六角盔顶式建筑。檐下设斗栱，明间柱与枋间设挂落，其他各柱枋间设雀替，以砖雕、木雕技法雕成麦穗、葫芦、瓜、茄子等图案（图5-4-2）。

图5-4-1 板桥西道堂入口大门

图5-4-2 板桥西道堂道厅外观

拱北的拜厅在南部的另一个院落中，是坐西朝东，平面呈长方形，面阔七间带周围廊，单檐卷棚歇山顶的木构建筑。檐下施斗栱，彩绘。斗栱形态别致，昂嘴向上卷曲，出挑的上部构件更是少见的花卉做孔雀开屏状，十分精美（图5-4-3、图5-4-4）。

二、九彩坪道堂

九彩坪道堂位于宁夏海原县九彩乡九彩坪村的疙瘩山下平地上，是拱北建筑群的七祖静室道堂区。

道堂占地面积不大，院落被砖雕带屋顶的围墙围住，入口辟三个尖拱大门，中间较之两侧高大，亦为砖雕带绿色琉璃瓦屋顶，屋檐起翘高，施四攒斗栱，中间的一攒体量较大，是典型的水泥雕作品。两侧小门则设三个开间，檐下不施斗栱。由右侧小门入内院，正中便是主体建筑道厅，道厅为单檐歇山顶五开间木构建筑。明间出台基做成有栏杆的坡道，各柱间均设木雕挂落，雕刻主题是中国传统文化中的吉祥之物——龙、凤。屋顶亦与入口屋顶色彩一致，为绿色琉璃瓦，屋檐舒展，翼角处起翘高，屋檐正脊正中设梅花、宝瓶及寿字、新月装饰。檐下装饰主要色彩为黄色（图5-4-5、图5-4-6）。

三、通贵门宦道堂

通贵门宦道堂位于银川市郊通贵乡，距市区17公里。

建筑群墨绿色的琉璃瓦屋顶与周围的土黄色平屋顶民居形成鲜明的对比，成为这一地区的景观中心——标志性建筑群。院落东西向主轴线，窄长布局，由东向西依次布置着主入口、拱北拜厅、八卦墓庐、道厅等主要建筑物，院落的北侧是一排厢房。

道厅是最重要的单体建筑，布置在东西向轴线的末端，坐西朝东，屋顶为一卷一脊（一个卷棚顶勾连搭一个歇山屋顶），平面为副阶周匝，外立面

图5-4-3　板桥西道堂拱北拜厅

图5-4-4　板桥西道堂拱北拜厅彩绘

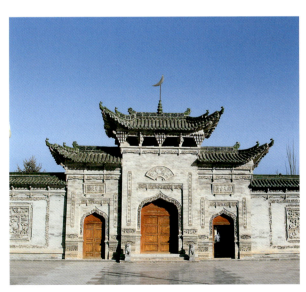

图5-4-5　九彩坪道堂入口

图5-4-6 九彩坪道堂道厅正面外观

图5-4-7 通贵道堂

图5-4-8 通贵道堂道厅

图5-4-9 通贵道堂八卦墓庐

一圈柱廊，正立面为面阔七间（包括围廊两间），檐下带蓝色斗栱，额枋、平板枋部分彩绘为白色底的淡彩，而柱子却为亮黄色。除道厅外的主要建筑物就是八卦墓庐了，八卦墓庐是八边形三层砖砌盔顶仿木构建筑，三层檐下各施斗栱若干（图5-4-7~图5-4-9）。

宁夏古建筑

第六章 其他

宁夏古建筑

宁夏其他古建筑分布图

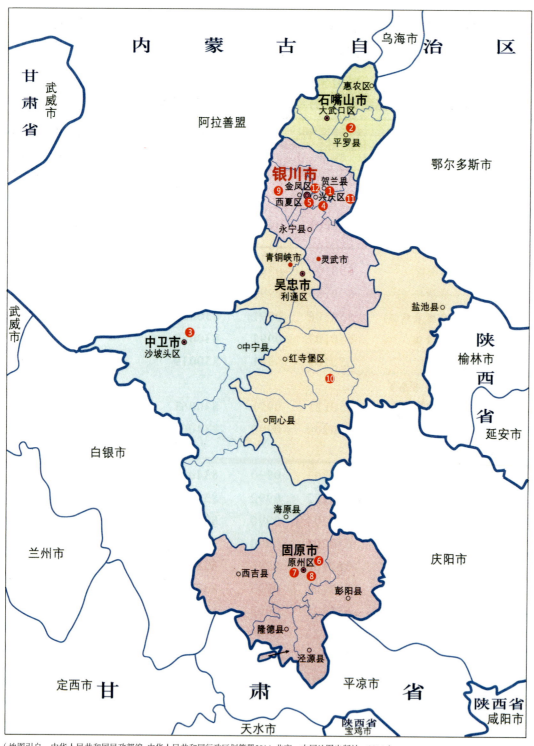

（地图引自：中华人民共和国民政部编.中华人民共和国行政区划简册2014.北京：中国地图出版社，2014.）

- ❶ 银川鼓楼
- ❷ 平罗钟鼓楼
- ❸ 中卫鼓楼
- ❹ 银川南门楼
- ❺ 银川文昌阁
- ❻ 固原文澜阁
- ❼ 固原城隍庙
- ❽ 固原财神楼
- ❾ 西夏陵
- ❿ 明王陵
- ⓫ 兵沟汉墓
- ⓬ 民国宁夏政府旧址

第一节 钟鼓楼

一、银川鼓楼

银川鼓楼，又称十字鼓楼、四鼓楼，俗称鼓楼，位于银川市解放东街与鼓楼街交汇处，是自治区文物保护单位。

据《朔方道志》载，鼓楼始建于清道光元年（1821年），由宁夏知府赵宜暄主持修筑，并手书了洞额石刻题记。光绪三十四年（1908年），宁夏地方绅商捐资在台基上义建了三层楼梁架，后因"款绌停辍"。直到民国六年（1917年），才由宁夏县知事余鼎铭接续重建，并在四角增盖了券棚顶角坊。落成后的钟鼓楼，曾悬大钟一口。鼓楼还是一处革命旧址，1926年国共合作时期，"中共宁夏特别支部"成立，办公地点就在鼓楼东北角坊里。

鼓楼总高36米，占地576平方米，由台基、楼阁、角坊组成。

鼓楼建在高大的台基之上，台基呈正方形，边长24米，高8.5米，用砖石砌筑。台基四面辟有宽5米的券顶门洞，中通十字，与解放东西街、鼓楼南北街相通。四面门洞额有石刻题字，为清道光年间宁夏知府赵宜暄手书，东曰"迎恩"，南曰"来薰"，西曰"挹爽"，北曰"拱极"。

台基中心建有十字歇山顶重檐三层楼阁，每层楼阁四面围以环廊，楼阁东、南、西、北四面各出一卷棚歇山顶抱厦。楼阁屋顶脊饰以龙首，中置连珠，呈二龙戏珠之势，别具情趣。在台面四角建有卷棚歇山顶的角坊。

东面门洞两侧各辟一券门，南券门额上题为"坤阖"，内为一耳室，北券门额上题为"乾辟"。从北券门沿券砌暗道石阶可登至台基之上（图6-1-1～图6-1-4）。

图6-1-1　银川鼓楼东面外观

图6-1-2　银川鼓楼南面外观

图6-1-3　银川钟鼓楼北面外观

图6-1-4　银川钟鼓楼阁楼

二、平罗钟鼓楼

平罗钟鼓楼位于石嘴山市平罗县城西，自治区文物保护单位，始建于明万历二十五年（1597年），清宣统三年（1911年）毁于火灾之中，现存建筑是民国二年（1913年）重建。

钟鼓楼建在高大的方形台基上，台基高5米，边长13米，下设东西、南北向"十字"拱形门洞，西面有可登上台基的砖砌楼梯，台基入口有硬山顶的小门。钟鼓楼通高15米，面阔三间，屋顶呈"米"字形，由四个歇山屋顶45度相交而成，在交点处置宝瓶，屋脊之上置龙尾状脊兽（图6-1-5、图6-1-6）。

钟鼓楼主体建筑平面呈正方形，东、西、南、北四面对称布置，主体2层，外观是重檐三滴水，下层为"洞宾殿"。顺楼内小木梯拾级而上，上层则是"财神阁"。殿阁玲珑剔透、挑檐飞脊，楼顶样式别具一格，名曰"八仙庆寿顶"。每层楼的四角都有两个暗角，故名"四明八暗区"。同时，每个角又有3个窜角，全楼共有36个窜角，72根柱子，意为"三十六天罡，七十二地煞"（图6-1-7、图6-1-8）。

三、中卫鼓楼

中卫鼓楼位于中卫市沙坡头区中心，始建于明崇祯四年（1631年），现存建筑为清代重修，自治区文物保护单位。

鼓楼通高23米，基座呈长方形，南北长22.4米，东西宽16.65米。基座正中砌有十字形门洞，分别接通四面街道。十字形门洞中心的穹隆顶上雕刻八卦藻井，八卦周围悬木雕八仙像，四角嵌有石雕龙首，昂然相对，栩栩如生。四面门洞上均题有匾额，东曰"锁扼青铜"，南曰"对峙香岩"，西曰"爽挹沙山"，北曰"控制边陲"（原为"边夷"）（图6-1-9、图6-1-10）。

基座之上正中为十字形歇山顶楼阁式建筑，每面三开间，三层三檐，每层屋顶均有八角起翘，每层楼阁四面围以环廊。楼基座四面建有小型藏兵楼四座，其内壁分别刻记鼓楼始建、重建的背景、时间、经过及有关事项。屋脊正中竖黑色琉璃球六颗，四周垂脊置蟠龙（图6-1-11、图6-1-12）。

图6-1-5 平罗钟鼓楼外观

图6-1-6 平罗钟鼓楼南面外观

图6-1-7 平罗钟鼓楼西面外观

图6-1-8 平罗钟鼓楼财神阁

图6-1-9 中卫鼓楼南面外观

图6-1-10 中卫鼓楼西面外观

图6-1-11 中卫鼓楼角角科

图6-1-12 中卫鼓楼屋檐转角

四、银川南门楼

银川南门楼位于银川市城区中山南街与南熏东街交汇处，为银川旧城南城门，俗称"南门"，自治区文物保护单位。

南门楼建于明代，清乾隆三年（1738年）毁于地震，乾隆五年（1740年）重修，宣统三年（1911年）毁于战火，1917年重建。

南门楼建筑通高27.5米，由台基、楼阁组成。台基高7米，东西长33米，南北宽24.5米，台基为砖包夯土砌筑，中间辟有南北向拱形门洞（图6-1-13、图6-1-14）。

台基上建有南熏楼，高20.5米，面阔五间，进深一间，主体2层，外观是重檐三滴水，每层楼阁四面围以环廊，二层四周设平座，可供登临。三层屋檐下均未施斗栱，柱头顶部梁枋出头。翼角处仔角梁弧腹上翘明显，端头带龙首套兽（图6-1-15、图6-1-16）。

五、银川文昌阁

文昌阁，位于银川市中山公园内，原建于银川市红花渠北，清乾隆三十三年（1768年）重修。民国期间，利用马营（现中山公园）内旧有4米高台基，按原貌移文昌阁遗址于此，银川市文物保护单位。

文昌阁坐西朝东，建于一高4米的台基之上，楼阁3层，面阔三间带周围廊，通面阔25.6米，进深22米。屋顶为歇山式，二、三层平座向内渐收，西面设木构楼梯，可登临。3层檐下均不施斗栱，抱头梁与随梁枋均出头，做旋子彩绘于其上，翼角处檐檩及额枋均出头，檩头做旋子彩绘，上部老角梁下做垂花柱，上置仔角梁弧腹上翘较高，端头带龙首套兽（图6-1-17～图6-1-19）。

图6-1-13 银川南门楼南面外观

图6-1-14 银川南门楼北门外观

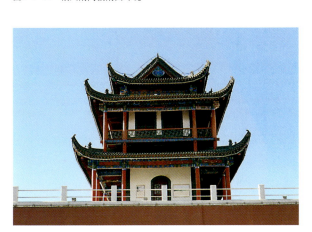

图6-1-15 银川南门楼东面外观

图6-1-16 银川南门楼翼角

图6-1-17　银川文昌阁东面外观

图6-1-18　银川文昌阁南面外观

图6-1-19　银川文昌阁翼角

六、固原文澜阁

文澜阁，又名"魁星楼"，原于"学府巽辰之交"建崇祀魁星之高阁始，清咸丰四年（1854年）重修，光绪末年移至城东南原城角楼基址上重建，2006年进行了维修，现位于固原市原州区人民街城关第二小学古城墙东南角上，自治区文物保护单位。

文澜阁台基为圆锥形，底径26米，高12.3米。台上建平面呈六边形，屋顶为三层六角攒尖亭式的木结构建筑，内外两层柱列，内有金柱上通至檐部，两柱间童柱承托中檐。各柱之间以梁、枋相连。各层外檐均用双层飞椽，方形飞椽前端做刹，屋顶覆筒瓦。各翼角起翘较高，极具南方古建筑特征，斗栱及攒尖木结构的制作比较细致。第一层高3米，第二层高2.8米，顶高2.9米，总高12.7米（图6-1-20、图6-1-21）。

七、固原城隍庙

城隍庙位于固原市原州区粮食局副食厂院内，始建于明景泰二年（1451年），清代重修，自治区文物保护单位。

明代《嘉靖固原州志·创建城隍庙碑记》详细记载了城隍庙的修建过程及其形制："殿宇廊庑，焕然一新，左司右司，六曹分列东西，后为寝殿，前揭庙榜，圣母土地，秩然而有序。凡香案炉瓶之具，亦莫不极其精备。"清同治年间被毁，后经再度劝募修建，依旧规模宏大：门分三级，献殿、乐楼、钟鼓楼等形制完整。

城隍庙现存前、中、后三殿。前殿面阔五间，宽10.5米，进深12.6米，室内金柱8根，单檐悬山顶，高8.2米。中殿面阔五间，宽16.5米，进深10.3米，室内金柱10根，单檐悬山顶。后殿面阔15.9米，进深10.6米，单檐硬山顶，通高8.3米（图6-1-22～图6-1-25）。

八、固原财神楼

财神楼位于固原市原州区过店街南端，南临安安桥，北靠过店街，始建年代不详，光绪四年（1878年）重修，自治区文物保护单位。

财神楼基座为城门洞式拱形青砖结构，基座全长22.3米，宽10.36米，高4.10米，门洞宽3.3米，高3.1米。门洞南面上端砖刻"五原重关"，北面砖刻"天衢 光绪四年六月谷旦，过店坊众会旧修"。基座上建筑平面为方形的单檐歇山顶楼阁，平面略呈方形，南北长6.4米，东西宽6.75米；东侧面阔四间的卷棚顶式木结构建筑，平面为长方形，长8.35米，宽4.9米（图6-1-26～图6-1-28）。

图6-1-20　固原文澜阁远景

图6-1-21　固原文澜阁檐下斗栱

图6-1-22 固原城隍庙前殿

图6-1-23 固原城隍庙中殿

图6-1-24 固原城隍庙后殿

图6-1-25 固原城隍庙前殿室内梁架

图6-1-26 固原财神楼南面外观

图6-1-27 固原财神楼北面外观

图6-1-28 固原财神楼主殿南面外观

第二节 陵墓

一、西夏陵

西夏陵又称西夏王陵，位于宁夏银川市西约30公里的贺兰山东麓，全国重点文物保护单位、国家重点风景名胜区。

西夏王陵是西夏王朝的皇家陵寝，在方圆53平方公里的陵区内，分布着九座帝陵，253座陪葬墓，是中国现存规模最大、地面遗址最完整的帝王陵园之一。

（一）西夏王陵位置及其总体布局（图6-2-1）

整个陵区呈西南、东北方向布局，长10余公里，宽4.5公里，总面积近50平方公里。在这一广阔的区域内，九座陵明显地分成四组，每组两陵或三陵，其周围有若干陪葬墓。

（二）西夏王陵建置（图6-2-2）

明《嘉靖宁夏新志》称："其制度仿巩县宋陵而作"，基本概括了西夏陵建置的基本特征。现存的九座陵的建置大同小异，每座陵的陵域大小不同，大者占地15万平方米，如3号陵，小者为8万平方米和10万平方米。每座陵的核心部分是由神墙包围的陵城，面积大小不一，多数在3万平方米上下，4号陵最小，仅1.8万平方米，但其陵域并未减小。陵城主要建有献殿、陵台、墓道、墓室。神墙四面中部皆设有门阙，四角设有角台。陵城南侧前凸一瓮城。在陵城之外，有的陵又设一重外城，由外城墙四面或三面包围。

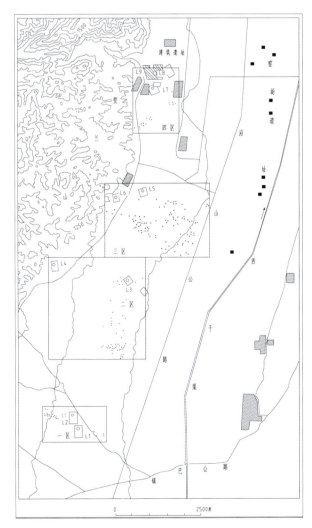
图6-2-1 西夏王陵总平面图（根据《中国古代建筑史（第三卷）——宋、辽、金、西夏建筑》清绘）

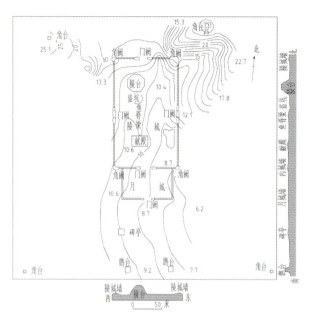

图6-2-2 西夏王陵3号陵平、剖面图（根据《中国古代建筑史（第三卷）——宋、辽、金、西夏建筑》清绘）

图6-2-3 西夏王陵遗址现状

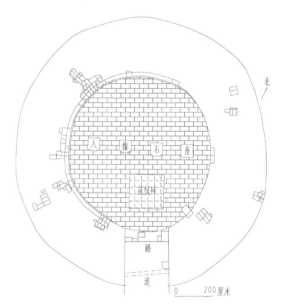

图6-2-4 西夏王陵3号陵碑亭平面图（根据《中国古代建筑史（第三卷）——宋、辽、金、西夏建筑》清绘）

（三）陵城、神墙及门阙

各陵内城神墙皆为夯土墙，基宽2.5~3.0米，现存残高最大者3.4米，神墙四面正中开门，门道宽多为16~17米，也有稍窄的，宽度为12米，皆作双阙式。

阙台遗迹最大者宽4.5米、长9米或宽5米、长8.6米，残台最高者达6.3米。其中3号陵内城门阙遗址为每边三座夯土台串连在一起，且宽度有所变化，估计原为两座三出阙。在神墙四角皆设有曲尺形角阙，多数为一般平直的曲尺形。遗迹中最大者为残高5.5米的6号陵角阙，自角部向两侧各伸长12米，而3号陵的角阙残迹为五个圆锥形夯土基座，呈曲尺形布置（图6-2-3、图6-2-4）。

（四）月城神墙及门阙

九座陵的内城南神墙外都设有瓮城。其城墙减薄，墙基宽仅2.0米，凸出南神墙50米左右，东西向长约100~130米，只有4号陵较短，神墙仅长104米，瓮城南墙长度则为86米。瓮城门阙宽度约16~18米，采用双阙形式。瓮城内中轴甬道两侧有石象生遗迹。

（五）献殿

各陵献殿均在南神墙以北30~45米的位置，且皆偏离陵城中线以西，最大的偏离24米，最小的偏离4.25米。目前献殿本身仅存一夯土台基址，多为长方形，根据其平面尺寸推测，大的为五间六椽或四椽，小的不过三间四椽。其中3号陵献殿基址呈椭圆形，且长轴达20米，其上部建筑物也较为特殊。5号陵献殿遗有带花纹的铺地方砖，说明当年建筑是非常讲究的高等级者（图6-2-5、图6-2-6）。

（六）陵台与墓室

各陵陵台位置皆在陵城北侧偏西，与北神墙的距离远近不一，两者相距最远的5号陵为55米，最近的3号陵仅10米。但各陵陵台与献殿间距离大约60~80米，比较相近，从已发掘的6号陵可知，这段距离之内，布置着墓道与墓室（图6-2-7）。

其余诸陵虽未挖掘，但都有一凸起的土岗，被称为"鱼脊梁"，即墓道位置。陵台本身皆为一不其规整的阶梯状八棱台，八边形平面边长12～14米，各陵台阶梯层数不同，1号、2号陵为9层，3号、6号、7号为7层，4号陵为5层，各陵皆残留有横向插孔及竖向柱洞，如1号陵为一座八面九级陵台，竖向每级有2～3排水平孔洞，八面的每面又有竖直孔洞两行，孔洞直径20厘米。

陵台周围散落的各种建筑物遗迹十分密集，除了普通砖瓦建筑材料外，还有许多绿色琉璃饰物，如鸱吻、兽头、脊饰及瓷质槽心瓦、白瓷瓦等。

6号陵的陵台为一八面七级陵台，底层高4米，上部细瘦，基部每边以平砖错缝顺砌三层，砖砌部分的上部（指表层）以草拌泥涂抹，再以赭红泥浆抹光。陵台上部几层的台阶上残留有瓦、瓦当等遗物。据这些遗迹推测，陵台表面有层层伸出的瓦屋檐，且使用了绿色琉璃瓦，底层有一段壁面，是在夯土之外包砖，砖之外抹泥，并涂成赭红色，陵台表面为仿木构建筑，做成三开间的形式，有木柱嵌入每面的两行竖直柱洞之内。水平孔洞则是每层屋檐飞橼及木梁使用的孔洞（图6-2-8）。

（七）西夏王陵所反映的西夏建筑信息

西夏地面建筑遗存极少，除去几座佛塔外，便是西夏陵区了，这里不仅记录了西夏陵墓本身的建筑特点，更宝贵的是它能反映出少数民族"党项族"对建筑的艺术追求和技术水平。

从陵区的建筑艺术看，它接受了汉地建筑文化，仿照宋陵制度建造了自己的"帝陵"。陵区以各陵与墓占地的多寡、建置的完备程度，表现出陵墓主人的不同身份、等级，说明西夏统治者对汉人礼制秩序的认同，这正是"称中原王朝之位号，仿中原王朝之舆服，行中原王朝之封建法令"的具体体现。

但王陵在总体布局中的方位变化缺少逻辑关系，又显出了其作为游牧民族的某些特点。更有甚者，几座王陵之中的主要建筑——献殿和陵台，皆偏离中轴线。对此，沈括在《梦溪笔谈》中谈道："盖西戎之俗，所居正寝，常留中间以奉鬼神，不敢居之……"这恰好说明了西夏人陵墓中的主要建筑之所以避开中轴线的原因，表现出了西夏与汉族

图6-2-5 献道

图6-2-6 西夏王陵力士和花砖

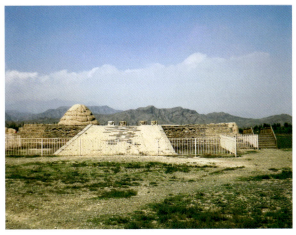

图6-2-7 西夏王陵土台遗址

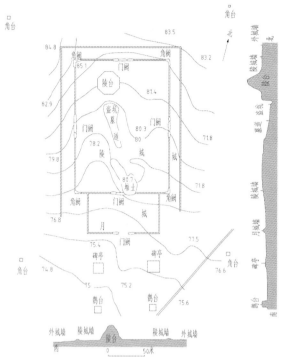

图6-2-8 西夏王陵6号陵平面图（根据《中国古代建筑史（第三卷）——宋、辽、金、西夏建筑》清绘）

建筑的不同文化内涵。

二、明王陵

明王陵在同心县韦州城西十余里的大螺山东麓，自治区文物保护单位。

明洪武二十四年（1391年），朱元璋的第十六子朱㮵封为庆王，在今宁夏同心县韦州城就国，以后子孙相袭为王，虽然不久后将庆靖王府迁往银川宁夏府内，但诸王陵寝仍修筑在螺山之源。

陵园坐西朝东，呈长方形，面积约1500平方米，陵墙残高0.2~0.5米，东面原有门楼。地面有砖、瓦、脊兽、琉璃瓦等。墓冢呈圆丘形，底径30米，高约20米。墓室由甬道、前室、中室、后室和左右耳室六部分组成，全长18米，宽14米，高6米，全部使用磨光的青色长条砖砌筑，砌工及砖质极佳，配室为拱券顶，前、中、后室为穹隆顶。除材料的质地和规格逊于北京十三陵中的万历朱翊钧定陵外，其基本形制完全相同。

三、兵沟汉墓

兵沟汉墓群位于银川市黄河东岸，距银川市区40公里，自治区文物保护单位。

兵沟汉墓为秦至西汉时期戍边将士的墓冢，面积约6000平方米，地面有大小墓冢40余座，呈馒头形，大的底径16米，残高3~4米，部分墓葬被盗掘，有砖室、木椁和土洞墓三种形式。砖室墓有单室和多室。木椁墓的底部、顶部及四壁全用方木铺砌，中有木板隔扇，保存完整。出土随葬品有铜车马具和陶壶、灶等。地宫中四座墓室有150米通道相连。仿木结构的1号墓室，为国内罕见，有较高的考古研究价值。

汉墓地宫之上，有130米长的神道，神道两侧竖立刻工精巧的石兽和武士雕像20座。兵沟汉墓有单葬墓、合葬墓，从内部结构看，有砖墓室、木墓室、石墓室、土墓室。墓室内呈拱形，用子母青砖建成，墓室宽敞，是目前宁夏发现的最集中、分布最广、数量最多的汉代墓群，极具考古研究价值。

在这四座墓室中，最特别的是1号墓室，为仿木结构，在国内为首次发现，建材为0.5米见方的上好楠木，墓室为两室墓，分明堂和后寝。根据墓室规格分析，墓葬主人应为身份较高的武官。

第三节 官邸

民国宁夏政府旧址位于银川市兴庆区进宁北街西侧，沙湖宾馆南侧，自治区文物保护单位。

在明代，这所平房的所在地先后是宁夏都察院、宁夏理刑厅衙署旧址。清朝，改为甘肃省分巡宁夏道的道台衙门。"中华民国"建立以后，原宁夏道改为朔方道，衙署仍在原址。南京国民政府成立后，首任省主席、冯玉祥所部国民军第七军军长门致中，整修原朔方道署为省政府办公场所，此处平房是门致中命令拆除新满城（新城）部分城墙的砖石和城内一些公房的木料修建起来的。平房位处省政府大院的中心，是省政府办公厅的用房，主席本人和中枢秘书、机要人员以及警卫都在这所平房内办公。吉鸿昌也在这所平房内办公。冯玉祥的西北军于1930年前后撤出西北地区之后，宁夏省主席先由省民政厅长马福寿（马鸿逵三伯父）代理。1933年，国民政府任命马鸿逵为宁夏省主席。马家军阀的兄弟叔侄在统治宁夏期间，都在这所平房里发号施令，一直到1949年9月马鸿逵逃离宁夏为止。

旧址建在一座0.9米高的台基上，平面呈工字形，坐北朝南，长31米，宽21米，高6.5米，全部为砖木结构，房屋南边正中为正门，东西两侧辟有侧门，屋顶四周砖砌0.6米高的女儿墙，现保存完好。房屋室内东西向正中是一条通长的走廊，走廊的南北两侧均为办公室，室内地面铺设木地板。该建筑于1934年曾进行过扩建，为原民国政府主要官员的办公场所，新中国成立后一度是宁夏人民委员会的办公所在地。此建筑的存在，对研究宁夏地方建筑的结构形制具有重要的意义（图6-3-1～图6-3-4）。

图6-3-1　宁夏民国政府旧址外观

图6-3-2　宁夏民国政府旧址全貌

图6-3-3　宁夏民国政府旧址入口

图6-3-4　宁夏民国政府旧址檐部花砖

宁夏古建筑

第七章 地方营造与建筑装饰特征

宁夏自古地处丝绸之路——中西文化交流要道，藏传佛教、汉传佛教、伊斯兰教、道教等宗教在此汇聚，至今仍保留了汉、藏、回等民族多元共生的文化。宁夏地区传统建筑类型多样，各种类型之间在建筑结构和构造技术、选址、布局、形式、装饰和建筑审美等方面统一于一种兼容并蓄和自成一体的体系之下。明清传统木结构建筑，作为中国传统木结构体系的组成部分，在宁夏地区多民族、多宗教相互影响的历史、文化背景下，形成了不同于官式做法和中原地区常见做法的地方做法，表现出了一种强烈的地方性特征以及营造工艺的灵活性。

宁夏地区远离明清时期的政治中心，其传统建筑工艺较少受到明清北方官式做法的影响，而与黄河建筑文化圈的工艺有着传承关系，因此保留了较早时期大木作工艺特征，减柱、移柱的做法即为此例。一般认为，减柱、移柱的做法出现于辽中期以后至金代对抬梁式木构建筑的改革时期，至金代发展成熟，元代时几乎成为北方大小建筑的共同特点，而在明代的官式建筑中，除一些小型建筑外，重要建筑已基本不用减柱的做法，移柱的做法几乎绝迹。就宁夏地区实地考察的情况来看，明、清直至近代，移柱、减柱的做法仍然常用。

宁夏地区传统建筑跨越了民族和宗教的界限，升华为多种文化兼容并蓄的建筑工艺。长期以杂糅为特征的试探性实践使宁夏传统建筑工艺形成了开放的传统。作为地方民间工艺，宁夏传统建筑受社会、经济条件制约，在技术规范化和标准化方面不如明清北方官式建筑、中原汉族传统建筑，然而，正是这种不规范，为其吸纳、融合多元因素提供了更大的灵活空间。宁夏地区传统建筑工艺的发展演进突出体现了中国古建筑灵活、变通、适应性强的特征，也同时印证了中华民族传统文化海纳百川的开放性和包容性。

第一节　地方营造

一、减柱、移柱造

减柱法在平面上表现为减少承托梁架的柱子，移柱法则表现为部分柱子由梁架之下横向移至他处。二者虽有不同，却以同样的结构形式来实现，即于柱上施大跨度的横向内额或阑额，再于额上纵向排布屋架。由于屋架由额承托，部分柱子便得到解放，在额的方向上可离开屋架自由安置甚至省去，因此，减柱和移柱两种做法在基本结构特征上是一致的。

为了取得神圣肃穆、轩敞的内部空间形象，清真寺大殿尽可能少用柱子，为保证较空阔的空间而采用减柱、移柱做法，并创造出与之相适应的构架形式。同心清真大寺便采用了减柱、移柱做法，以便获得室内更加开敞、通透的空间。为了加强内柱、大内额及上部梁架的稳定性和刚度，运用了特殊的构造做法，在横向内额上部于内柱分位加设柁墩或瓜柱，在瓜柱之上又加置一根横向短梁，梁两端插在承托梁架的短柱上，宛若一架天平的横杆，形成一个构架的横向组合，不仅分散了上部梁架的重量，使其不致全部压在大内额上，而且使本构架系统更加稳固合理，同时增加了内部空间的高度，因殿内不设天花，梁架露明，使大殿内部空间异常的开敞明快，便于使用（图7-1-1、图7-1-2）。

二、抬梁式梁架的特殊做法

宁夏木构建筑的结构体系主要是抬梁式，但不同于我国大多数北方木构建筑的用料粗大和较为厚重的外观形象，宁夏地区的木构建筑梁架用材较小，出檐不大但屋角起翘高，建筑外观呈现出纤细轻巧的特征。

宁夏地区的木构歇山建筑山面构件由递角梁支撑。例如中宁石空大佛寺山门的中柱和角柱之间架设一根斜向呈45度的递角梁，递角梁一端与角科相交，梁头顺势做成角科中呈45度方向斜出的木栱，下部由角科及角柱支撑，递角梁的另一端做榫与正身梁架相交，落座在中柱的柱头斗栱上。递角梁上立隔架斗栱支撑上部的角梁后尾和踩步金。这种山面构架中的角梁与踩步金相交处是由与柱网平面呈45°的递角梁支撑的歇山建筑结构做法，与常见的顺趴梁法和抹角梁法不同，仅见于宁夏石空大佛寺山门（图7-1-3）。

图7-1-1 同心清真大寺室内柱网实景

图7-1-2 同心清真大寺的梁架实景

图7-1-3 中宁石空寺山门歇山顶角部构架

图7-1-4 中卫高庙仔角梁弧腹上翘

三、特殊的檐下做法

（一）仔角梁弧腹上翘

宁夏广大地区内的传统建筑给人的第一印象便是仔角梁弧腹上翘的翼角形象，并由此形成了向上起翘的动势和轻盈、灵动、舒展的特征。翼角做法中，仔角梁弧腹上翘，其尾位于老角梁端部，二者之间多用垂柱联系在一起，仔、老角梁分工明确，老角梁起找坡作用，仔角梁则承担起翘，不同于明清官式建筑中仔、老角梁合抱金檩的做法。仔角梁伸出老角梁较大距离，冲出不多，但起翘颇大，减轻了屋顶的厚重感，使得整座建筑物"如鸟斯革"、展翅欲飞。宁夏可算作是仔角梁弧腹上翘做法的中心区。使用仔角梁弧腹上翘做法的建筑，最早的实例为清康熙四十八年重建的中卫高庙（图7-1-4），而宁夏早期的建筑却都未采用此种做法，如建于明代的同心清真大寺和永宁纳家户清真寺，由此可以大致确定仔角梁弧腹上翘做法形成的上限为清初，并作为宁夏主要的翼角做法而流传至今，在当前新建的传统式建筑中仍然使用。

图7-1-5 中卫高庙保安寺山门翼角起翘

（二）飞椽收杀显著（图7-1-5）

飞椽收杀显著是宁夏传统建筑檐下的典型特征，诸多建筑中飞椽底面和两侧面均有不同程度的收杀，如中卫高庙飞椽收杀剧烈而使得飞椽几近形成方形棱锥状，飞椽头削细呈尖，直击碧空，伴随着翼角的高高翘起（图7-1-5），增加了建筑的灵动之势。这种做法与相邻的甘肃河西走廊、陕西韩城的建筑翼角做法有相似之处。

（三）斗栱"简化"（图7-1-6）

宁夏传统建筑斗栱的特点是将斗栱中斗、升等构件省略，并由雕花或彩绘木板（即甘肃临夏地区建筑工艺术语中的花牵）替代横木栱，以各攒斗栱雕花或彩绘木板连接。这种做法看似斗栱的简化，但重点集中到了起装饰作用的花牵上。丰富细密的花牵木雕和彩绘并不节省工程量，对雕刻和彩绘的要求却大幅度提高，檐下斗栱所起的主要结构作用让位给了施以雕刻和彩绘的花牵所带来的视觉效果，突出了檐下的装饰作用。

（四）翼角起翘无生头木（图7-1-7）

中卫高庙建筑利用翼角椽椽径的变化和椽后尾高度的变化取得翼角起翘，而不使用生头木。在此种做法中，翼角椽椽径不断变大，以致贴近角梁的椽径为正身椽的3倍之多，同时翼角椽后尾标高不断下降，在角梁后尾处形成了一条下弧的曲线，由于中间支点都是在檐檩上，椽头上则相应地形成了一条上升曲线。翼角椽椽头的上升曲线，伴以椽径的不断加大，达到了翼角起翘的效果。宁夏石嘴山武当山庙和吴忠董府建筑中也存在着无生头木的翼角起翘做法（图7-1-7）。

（五）翼角不使用角梁（图7-1-8）

灵武镇河塔寺庙建筑中，生头木异常高大，承托翼角椽起翘，翼角处有一水平木构件伸出生头木后陡然上翘，支撑着相交的大、小连檐，生头木和此上翘构件之间空透，不使用角梁，而是由抬高翼角椽椽头的生头木和承托连檐的上翘构件共同达到翼角起翘的目的。

（六）屋顶举架的特殊做法（图7-1-9）

清官式做法常用的举架有五举、六五举、七五举、九举等，这些表示举高与步架之比为0.5、0.65、0.75、0.9等，而宁夏屋顶举架首尾差异悬殊，递增量大，檐部可以非常缓和，甚至接近水平，脊部却陡峭向上，直冲云霄。檐步至脊部举架发生了剧烈变化，从而造成了檐部缓和、脊部陡峻

图7-1-6　纳家户清真寺礼拜大殿檐下花牵

图7-1-7　董府门楼翼角无生头木

图7-1-8　灵武镇河塔无角梁起翘

的形象特征。如灵武高庙钟鼓楼屋脊顶部的举架接近4∶1，这在其他地区是很少见的（图7-1-9）。

四、丰富的屋顶形式及其特点

在宁夏由北向南的不同自然条件的地区内，古代劳动人民因地制宜、因材致用，创造了各种不同风格的建筑。传统建筑的优点是极具灵活性，既能适应不同的气候和地理环境，又能满足多方面的使用要求，组成由简单到复杂的各种类型的建筑。屋顶是中国传统建筑的一部分，基本屋顶形式之间运用组合的手法，满足了各类建筑不同的使用要求和精神目标。宁夏地区离政治中心较远，其建筑较少受到屋顶等级上的限制，有了一些不同于官式建筑做法的新特点。

（一）勾连搭屋顶

"勾连搭"屋顶是两栋或多栋单体建筑的屋面沿进深或开间方向前后相连接，在连接处做一水平天沟向两边排水的屋面做法，其目的是扩大建筑的室内空间。

宁夏古建筑中常使用多个单体建筑组合到一起的方法，以形成较大的内部空间，各单体建筑上的屋顶则采用相互勾连搭的做法连接。采用勾连搭做法，一方面解决了建筑平面较大导致屋顶过于庞大的问题，另一方面，增加了建筑立面效果和空间层次，丰富了建筑的外轮廓。具体的搭接方式有以下几种。

1. 纵向搭接屋顶

多个屋顶纵向搭接可以增加室内空间的进深，同时，被串连起来的单体建筑屋顶形态各异，侧立面轮廓丰富。一般的搭接形式为歇山屋顶前接卷棚屋顶，如宁夏纳家户清真寺礼拜大殿，从明代开始，因教众人数的增加而不断扩建，现为9个屋顶勾连搭组合而成。歇山和卷棚交替布置，周围廊和大殿正前出卷棚歇山前廊的侧立面交替变换，给人以规模宏大、空间深远之感，符合其对宗教氛围的营造的要求（图7-1-10）。

2. 横向搭接屋顶

平罗玉皇阁大殿采用3个屋顶横向搭接的做法，大殿为三层三重檐楼阁式建筑。最上面一层屋顶由中间的盝顶和两侧两个四角攒尖顶组合而成，盝顶和攒尖顶都是用抹角梁法支撑而成，檐口把3个形式不同的屋顶统一联系在一起，造型别样，错落有致，形成了3个屋顶并列组合的形象（图7-1-11）。

3. 纵横向搭接屋顶

屋顶在纵横两个方向上相互搭接，既可以加大建筑的进深距离，又可以扩大面阔尺寸，不同屋顶形式间的相互组合更使其具有了丰富的视觉效果。中卫高庙关帝楼和文昌阁采用屋顶从纵横两个方向上相互搭接的做法，都是由4个屋顶相互组合而成，中间为歇山屋顶，左右两侧连十字歇山顶，前出卷

图7-1-9 灵武高庙钟楼

图7-1-10 纳家户清真寺勾连搭屋顶

图7-1-11　灵武玉皇阁大殿勾连搭屋面

棚歇山抱厦，高低错落、形态各异的屋顶组合在一起，取得了丰富的视觉效果（图7-1-12）。

（二）八角歇山屋顶

灵武高庙王母殿是一座重檐八角歇山顶建筑，下层檐为四边形，上层屋顶角梁为8根，原本应该搭置在踩步金和金檩相交处的角梁后尾，4根搭置在踩步金上，另外4根搭置在金檩上，转角处相邻角梁之间连以一根短圆木，作用如檩，其上承托屋面檐椽，由此而形成八角形屋檐，踩步金上承托山面构件，构成歇山屋顶（图7-1-13）。

（三）盔顶式楼阁

明清北方官式建筑中盔顶颇为少见，而甘青宁一带伊斯兰教建筑则常用盔顶，作为汉式木构攒尖顶与阿拉伯砖石穹顶的折中。由于采用此类屋顶的多为邦克楼或拱北墓庐等较为高峻的多层建筑，形成了盔顶式楼阁的形式，颇具地方特色。盔顶属于

图7-1-12　中卫高庙勾连搭屋顶

攒尖顶的一种，也有四角、六角、八角之分，惟其顶部呈外凸曲线的形象。盔顶式楼阁与一般攒尖顶楼阁建筑在结构上基本相同，仅在实现外凸曲线方面具有特别之处。宁夏地区常见的盔顶，其屋顶内部梁架完全是标准的攒尖做法，外凸曲线是在望板

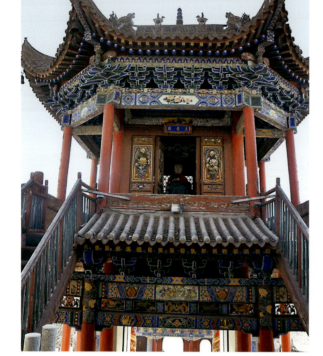

图7-1-13 灵武高庙王母殿

上对应各角梁的位置加装特殊形状的衬木造成的，衬木上再施望板，其上苫背瓦。由于屋顶外凸造成屋面某些部分极为陡峻，因此，无论筒、板瓦都必须钉于望板上，称"一瓦一钉"。这种屋顶也被称作"元宝顶"，其做法叫做"加宝"（图7-1-14）。

（四）庑殿十字脊顶

十字脊顶是由两个屋顶相交而成的一种造型较为复杂的屋顶样式。十字脊顶在宋画中使用得非常多，表明宋人非常喜爱使用这种屋顶形式。中国古建筑中经常使用歇山十字脊顶，而使用庑殿十字脊顶的则较少见到，中卫鼓楼就是少见的实例，中卫鼓楼建于城洞式砖砌台基之上，基座之上正中为三层三重檐十字庑殿顶的主楼，以庑殿十字脊顶的山面朝向东西南北四个方向（图7-1-15）。

图7-1-14 通贵门宦道堂拱北盔顶墓庐

图7-1-15 中卫鼓楼屋顶

第二节 建筑装饰

中国传统建筑的装饰艺术，是中华民族审美观念和文化传统的反映。建筑装饰对中国传统建筑的独特风格的形成同样起着重要的作用。中国古代工匠利用木构架建筑的特点创造出不同形式的屋顶，又在屋顶上塑造出鸱吻、宝顶、走兽、仙人等奇特的艺术形象，并在形式单调的门窗上又创造出千变万化的窗格花纹样式，在简单的梁、枋、柱和石台基上进行了巧妙的加工。中国古代工匠运用砖、瓦、石灰、金属等材料的天然颜色和琉璃、玻璃、油漆的不同色彩，采用对比、调和、穿插、渗透等手法，营造了中国古代建筑具有鲜明特点的色彩环境；他们还将壁画、彩绘、雕刻、泥塑、镶嵌等不同类型的工艺应用到建筑装饰里，极大地加强了建筑艺术的表现力。这些装饰手段与建筑相互适应，构成了中国古代建筑的完美统一。

宁夏传统建筑装饰与中国古建筑装饰一脉相承，是附加于构件上的一种艺术处理，它是依附于建筑实体的，如建筑构件上的雕饰、屋面、脊兽、外檐装饰、大门入口装饰、山墙墙面雕饰，它们本身具有独立的审美因素。宁夏传统建筑极其注重对建筑物的装饰，无论是对建筑的结构构件，还是室内装修和室外环境，处处都进行着艺术处理。正是这种从形式到内容上的丰富，创造出了独具民族韵味的建筑艺术形象。

宁夏古建筑的装饰既具有中国古建筑装饰的共同特征，又与当地传统的建筑装饰用材与装饰技法相结合，形成了具有地区特征的古建筑装饰风格。宁夏古建筑多数喜用雕饰、彩饰、泥塑等表现形式。

一、木雕

木材易加工的特点，使得木雕成了传统建筑中重要的装饰形态。《营造法式》中有大木、小木、雕木三作。木雕工艺可分为线雕、隐雕、剔雕、透雕和圆雕。

宁夏木雕历史悠久，有一些西夏时期的木雕作品存世。宁夏植被稀少，品种较单一，民间木雕不及江南、中原一带普遍，但是在一些官邸、寺庙、富豪宅院的房檐柱头、门面窗棂精雕细刻并不少见。同心清真大寺礼拜大殿檐下的木雕和墙壁的砖雕相互呼应，浑然一体（图7-2-1）。吴忠金积镇的董府墙壁均为砖雕、磨砖砌筑，大屋顶，飞檐，雕梁画栋。[①]这些建筑群中常见的窗棂格雕有绣球纹、古线纹、万字纹、云头纹和花卉等图案。在房门的装饰上，上方为镂空的各种图案，以保持室内的光线，下方多刻有人物、动物、山水景物（图7-2-2~图7-2-4）。

宁夏回族建筑的藻井、门窗、柱梁上多有构思巧妙、刀法细腻的木雕，融古朴、精巧、高雅为一

图7-2-1 同心清真大寺礼拜大殿檐下木雕

图7-2-2 马月坡寨子西厢房檐下木雕

图7-2-3 马月坡寨子厢房檐下木雕

图7-2-4 董府木雕

图7-2-5 马月坡寨子正房木门裙板木雕

图7-2-6 二十里铺拱北隔扇木雕

图7-2-7 二十里铺拱北檐下木雕

体（图7-2-5、图7-2-6）。其中阿文经字、先知圣训多为浅浮木雕，常用于寺院或居室的匾额、柱式，较好地展现了阿文书法连绵如带的神韵。木雕作品以礼拜殿里的"敏拜尔"（宣讲台）较为讲究，顶部多有拱状装饰，有的还敷以彩饰。宁夏南部回族民居建筑的垂柱上，往往雕有吉祥动物，如凤凰、孔雀和莲花、云纹等图案。

宁夏古建筑的外檐处理多用板门，大殿的外檐用成片的隔扇门窗，形成整体效果。固原二十里铺拱北外檐挂落，同心韦州大寺、同心清真大寺的礼拜大殿的隔门就同时采用了传统建筑装饰中剔雕与透雕两种木雕手法。装饰纹样则以三交六椀、双交四椀或变体的菱花窗为主，隔心的棂格密集，花纹多而不同（图7-2-7）。

同心清真大寺礼拜大殿的外檐柱枋之间装饰了云纹挂落，连拱板上端则透雕成植物和阿文图案，下端也采用透雕成暗八仙的题材进行装饰。此外，纳家户扩建后礼拜大殿的西墙的木雕装饰，其构图显然是借用了清真寺门前的照壁的构图手法，包括边角位置的卷草纹饰等，同时融入了阿拉伯装饰中的火焰纹样和中国传统建筑中的垂花柱、云纹等符号，巧妙地将不同国籍、不同时期的装饰手法纳入其中，虽然在笔者调研期间还未进行彩绘，但原木本色的西墙雕刻已经让穆斯林兄弟无比自豪了（图7-2-8、图7-2-9）。

图7-2-8 纳家户清真寺礼拜大殿檐下木雕

图7-2-9 纳家户清真寺礼拜大殿西墙木雕

二、砖雕

砖雕是从汉代画像石演变而来的一种艺术，是一种民间雕刻工艺品。它是用凿与木锤在青砖上钻打各种人物、花卉、建筑等造型，作为建筑物上某一个部位的装饰品。宁夏地区的砖雕作为民间传统艺术之一，具有浓郁的地方文化特色。这些砖雕的艺术图案，有相当高的艺术价值，其不仅反映了地区的建筑装饰图案的艺术风格和审美特征，同时还折射出当时的社会意识形态。砖雕在制作材料、图案纹样、艺术风格、创作构图、造型手法上都独具特色。

宁夏砖雕艺术历史悠久，地下考古发掘表明，宋代以来雕刻艺术就很兴盛，而且风格多样。宁夏的砖雕艺术品主要保存在各类古建筑和回族拱北建筑中，砖雕图案的内容体现了中华传统文化的精华，具有多重象征意义和深层寓意。宁夏砖雕与甘肃河州砖雕有着深远的渊源。宁夏目前尚保存的各类建筑遗址的砖雕主要分为两类：一类存在于清末以来的建筑中，如吴忠市境内的董府，这一类砖雕工艺体现的是南方的纤细风格；一类存在于回族的拱北、道堂等建筑中，这一类砖雕工艺体现的是北方的浑厚风格，它的源头基本在甘肃河州。

（一）同心清真大寺砖雕

同心清真大寺是一组完整的古典建筑群，依附于建筑群及其周围的砖雕艺术是清真大寺建筑艺术的重要组成部分。

清真大寺门前的影壁，既是清真大寺建筑的重要组成部分，也是砖雕艺术体现得最为集中的仿木结构的工艺品，它是由青砖打磨拼对而成的。影壁整体高6米，宽9米，由上、中、下三部分组成。上部是壁顶，集中体现传统仿木结构建筑样式；中间是照壁的主体，描绘了一幅"月藏松柏图"，整个画面由青砖打磨刨洗拼对而成，如同一块完整的材料。图画的外围同样由精致的砖雕图案来完成，有葫芦、宝剑等造型，再由竹、梅等图案相连接。图画两边各雕一副隶书体对联："万物偏生沾主泽，群迷普度显圣恩。"下面是传统的须弥座。影壁脊顶两侧有龙造型装饰，整个脊顶以仿木结构形式多层出檐，施以砖雕斗栱。斗栱下有装饰性垂花柱8个，皆雕刻有传统图案，垂花柱之间有花纹图案相连接。影壁修建于清光绪三十三年（1908年），整个图案设计和对联文字的雕刻是由河州工匠马忠良主持完成的，影壁落款处有完整的记载。由此我们可以看出宁夏砖雕艺术与河州砖雕的渊源关系（图7-2-10）。

同心清真大寺的主体建筑——礼拜大殿，是由前后两座歇山顶建筑门前抱厦勾连搭而成的，抱厦两侧是八字形壁墙。八字墙上的砖雕是同心清真大寺砖雕里最精美的部分，在圆形的空间里雕刻了内容非常丰富的图案造型，而且雕造工艺十分精到。其内容是代表中国传统文化的文房四宝、荷花、翠竹、梅花、牡丹、葡萄、石榴等，整个图案布局有序，内涵丰富（图7-2-11、图7-2-12）。

（二）二十里铺拱北砖雕

固原二十里铺拱北的砖雕全部是在水磨对缝砖的承载物上精细雕刻而成。牌坊式门楼是第一道景观，为三间四柱牌楼。牌楼上砖雕图案位置不同，雕刻内容也不一样，梅、兰、竹、菊是一类，春牡丹、夏莲、秋菊、冬梅是一类，鱼闹莲门、喜鹊登梅、蝙蝠、狮子是一类，十二生肖又是一类。台阶左右护栏上也雕有石榴、牡丹等图案。牌楼两边是砖雕的隶书体对联："教演西方敬服念拜斋课朝，道通东土敦崇仁义理智信。"中门上的雕刻可算得上第二道风景，牌楼的建筑物上雕刻着二龙戏珠、双凤朝阳等图案，左右出八字墙上同样雕有花卉，门洞上雕有鸳鸯戏水、海水朝阳等大幅图案。大殿的廊柱上主要是传统木雕。殿壁龛后的主塔亭是一座六角砖塔，顶覆绿色琉璃瓦，中部塔身各面均镶嵌着不同的砖雕花卉图案，主要是牡丹、莲花、梅花等。塔身中部东、西的窗户，也是由各种连续性的图案雕刻镶嵌而成的。底部为须弥座双层雕花图案，工艺精湛。大影壁是整个寺院建筑的最后部分，高10米，长18米，厚1.5米，全部用水磨砖加浮雕而成，中间镶有鹿鹤同春、龙凤呈祥、五老观月、丹凤朝阳、青牛戏水、鹿踩灵芝等大幅砖雕图案。每幅图案都是以不同花卉砖雕为边框，既

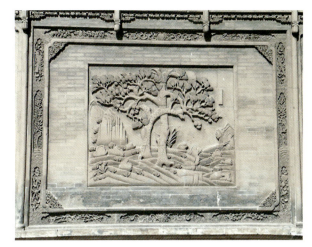

图7-2-10 同心清真大寺影壁砖雕

图7-2-11 同心清真大寺墙体砖雕1

图7-2-12 同心清真大寺墙体砖雕2

图7-2-13　固原二十里铺拱北石牌楼东墙砖雕

图7-2-14　固原二十里铺拱北石牌楼西墙砖雕

独立成画，又是一个完整构图。二十里铺拱北无论墓祠还是门墙，皆有精巧的砖雕，云纹、莲花纹、龙纹、古钱纹等浮雕或高浮雕，以夸张和变形的手法，装饰着坚实的建筑，舒适而紧凑、质朴而华丽，显示了回族工匠的高超技艺（图7-2-13、图7-2-14）。

（三）永宁纳家户清真寺砖雕

纳家户清真寺砖雕艺术主要体现在门与楼之间的衔接上。门楼为过洞式，过洞上部是一组仿木结构的挑檐，横向的是阑额、斗栱，纵向的是垂花柱和伊斯兰风格的精美砖雕。陪侍在邦克楼两侧的望月楼，雕造的斗栱和纹饰图案与邦克楼上的斗栱与纹饰图案基本一致（图7-2-15～图7-2-17）。

（四）九彩坪拱北砖雕

九彩坪拱北整体建筑主要由山门照壁、中门照壁、拱北的主体建筑、后照壁等组成，再配以相关的建筑，是一处完整的多元文化相融合的砖雕艺术建筑群。

九彩坪拱北的砖雕艺术主要体现在影壁、门楼、墀头和脊饰方面，包括山花的装饰等。大影壁造型不是通常意义上的直线，而是由高低不等的楼阁式构成。影壁中间的建筑样式是传统的庑殿顶，由四层砖雕斗栱支撑，斗栱下是悬空的垂拱联纹砖雕饰。两边的建筑样式也是庑殿顶，没有砖雕斗栱，而是两层悬垂柱和回廊式透雕砖雕图案。檐下的砖雕垂柱，有的是竹，有的是葡萄。影壁的背面由三块碑文和数副对联构成，横批是由三块造型不一的砖雕构成的匾额状方框，砖雕的图案有腊梅、菊花、竹子、宝瓶、莲花等（图7-2-18）。

拱北建筑群的砖雕装饰更是体现了伊斯兰教义与中国儒家、道家文化的完美统一。拱北砖雕工艺均以青砖为料，用刻刀雕镂出主题图案，砖雕艺术造型多用隐喻、象征、借比等手法，引用了《古兰经》、"圣训"等经典故事、传说，同时还有浓厚的儒家、道家色彩，运用阴阳鱼、莲花、竹子、兽头、吉祥物等典型的儒家装饰主题，同时还借用了中国工笔画风格的花鸟、山水画的图案等。砖雕装饰主要用在拱北建筑群的影壁、门楼、山墙、墀头、山花和墓庐的外墙壁等位置，例如中门左壁为砖雕牡丹，右壁为砖雕海连花，背面为海水朝阳、月照松林砖雕图案，山门两侧是墓室。八卦亭墓庐立面采用三段式，底部采用砖雕基座，中部左右各有一圆形窗，其图案由阿拉伯文字组成。窗上方四周有吊垂牙子板、如意彩、飞椽、滴水、琉璃瓦等构件。顶部为盔顶，上置宝瓶、新月（图7-2-19、图7-2-20）。

图7-2-15　纳家户清真寺影壁砖雕

图7-2-16　纳家户屋脊砖雕

图7-2-17 纳家户望月楼砖雕

图7-2-18 九彩坪拱北葡萄主题砖雕

图7-2-19 九彩坪拱北影壁砖雕

图7-2-20 九彩坪道堂影壁砖雕

中门的影壁的建筑样式与山门的建筑样式在外形上大致相同，只是庑殿顶下的斗拱没有了，而是两层垂廊柱加悬空透雕装饰（图7-2-21）。八卦亭的顶部除按照伊斯兰建筑风格处理外，檐下全是非常精细的砖雕斗拱，斗拱下是两层垂柱加悬空的回廊透雕。八卦亭的窗户边缘全部由透雕莲花或缠枝草环绕，窗棂由精细的对称砖雕图案组成，整体看是窗户，分开看是一个个独立成形的花草图案。八卦亭的底座是传统须弥座样式，但是由数层大小不等的雕刻图案连环构成（图7-2-22）。

九彩坪拱北体现了多元文化的交融。首先，拱北建筑样式本身就是传统文化与伊斯兰文化融合的体现，如传统楼阁与大庑殿顶建筑造型。其次，砖雕图案除体现伊斯兰艺术风格的花草、几何纹吉祥物、图案外，大部分取材于中国传统经典内容，如松、竹、梅、菊、蝙蝠造型与象形寿字。第三，儒家文化通过对联的形式得到了非常经典的反映，如山门照壁上的"心道救人伏羲始，度化善诱三圣功"，"道通中国不外乎仁义理智信，教演西域原来复念拜斋课朝"。第四，多种宗教文化和谐并存，仅一幅雕刻非常精细的龙纹八卦图，就让人们看到了九彩坪拱北海纳百川的文化气度。

（五）田州古塔砖雕

田州古塔位于宁夏平罗县姚伏镇东北，是一座八层六角的砖塔，高达38米，塔顶为六边覆斗状。有南北两门，南门有对联一副："一柱撑天东带黄

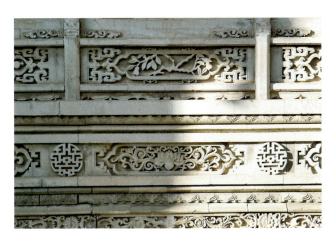
图7-2-21 九彩坪拱北砖雕局部

图7-2-22 拱北八卦亭基座砖雕

图7-2-23 田州塔仿木构砖雕

图7-2-24 田州塔砖雕花卉主题

河明献瑞，孤标拔地西屏兰岳争春晖。"田州古塔修建得很是别致，仿木结构的瓦垄、椽头、横额、斗栱和垂花柱等，都是由精细的砖雕图案构成。每一塔层包括出檐部分都有四层砖雕布局：最下一层是花卉和蔓草，有垂柱相绕；中间一层是各种图案造型，有十分传神的佛造像、人物故事等，四周有凤凰等各种神鸟瑞兽，有镂空图案的塔檐稍向前伸出，由砖雕斗栱相支撑；最上一层就是两层重檐屋顶，屋脊上还有荷花之类的砖雕图案（图7-2-23～图7-2-26）。

田州古塔是目前保存较好、砖雕工艺精美的文化遗存。其图案造型清秀精致，有南方砖雕之遗风，在宁夏尚存世的砖雕工艺品中是难得的珍品。

现在看到的古塔可能是清代大地震后重修的。由田州古塔可见明清以来宁夏砖雕艺术的繁荣与影响。

三、石雕

石雕在中国古代建筑装饰中占有重要地位。石材质地坚硬，经久耐磨，又能防水、防潮，多作为建筑中需要防潮处理和受力处的构件。石雕工艺分圆雕、浮雕、沉雕、线雕和影雕五大类。在宁夏地区常用的仅有前三种，故这里重点介绍前三种石雕工艺。圆雕是立体型的雕刻品，前后左右都要求形象逼真。其工艺以镂空技法和精细剁斧见长。在建筑上常见的有龙柱、石将军、石狮和飞禽走兽等。浮雕是半立体型的雕刻品，雕刻技法与圆雕基本相

图7-2-25　田州塔砖雕瑞兽主题

图7-2-26　田州塔砖雕凤凰主题

图7-2-27　中卫高庙抱鼓石

同。根据图案凸出石面的程度不同，分为浅浮雕和高浮雕。浮雕主要用在建筑的门窗、柱子、墙面、门槛的装饰上。沉雕即浅浮雕，是一种在打平或磨光后的石面上描摹图案，依图案刻上线条，以线条的粗细深浅程度来表现各种文字、花卉、图案等的石雕工艺。[②]大多用于建筑外壁墙面等局部装饰处理。

天人合一的观念必然形成崇尚自然的审美观，所以在宁夏回族的建筑中也喜欢用天然的石料去表现建筑美。石雕的技法与砖雕基本相同。宁夏的石雕材料多采用青石、花岗石、白石等。有些石材是本地有的，有些石材是从外地运来的。

建筑石雕应用很广，有石桥、石板路、石亭、石碑、石柱、门槛、栏杆、阶沿石、栏板、抱鼓石、须弥座、石狮子等（图7-2-27、图7-2-28）。回族石雕题材受雕刻材料本身限制，不及木雕与砖雕复杂，主要是博古纹样和中阿文书法，人物题材则很少见。宁夏回族石雕，在雕刻风格上，浮雕以浅层透雕与平面雕为主，圆雕整合趋势明显，刀法融精致于古朴大方，没有木雕与砖雕那样细腻繁琐。

石雕在民居中常用于门框、门槛、柱子、梁枋、柱础、栏杆、栏板、台阶、石碑等处，雕刻做法有线刻、隐刻、浮雕、圆雕、通雕（透雕）等。线刻主要用于门框、门槛、台基处，题材以花纹图案为主。

宁夏西夏陵墓石雕题材较多，有石人像、石马像、石狗像和人像碑础、栏柱雕刻等。西夏人像雕刻和宋朝雕刻有接近之处，细腻写实，神态安静，面部丰腴，表情自然，多以青砂石和红砂石为材料，用整石雕刻，部分染色，以刻、刮、磨等为主要方式。它既没有中原石刻的写实、细腻、繁缛等特征，也不表现为相对庞大的规模。在造型风格方面，西夏石雕表现出外形概括，线条简洁，形象和神态各异，具有神秘感，以蹲卧为主等特点（图7-2-29）。

四、泥塑

在宁夏发现的东汉时期的城址中出土的建筑材料有卷云和四神（青龙、白虎、朱雀、玄武）瓦

图7-2-28 董府门前石狮

图7-2-29 西夏王陵石雕

当、绳纹板瓦、花纹方砖和铭文砖等，显示了宁夏东汉时期泥塑、雕刻的工艺水平。③

西夏时期，泥塑十分盛行，在许多石窟、寺庙中都有泥塑造像。西夏攻占瓜州、沙州以后，将敦煌莫高窟和安西榆林窟进行部分重修与改建，对窟内的部分壁画进行了重新绘制。莫高窟第491窟的西夏女供养人塑像，神态端庄虔诚，表现了供养人祈福的神态。西夏陵区出土的雕塑有许多精品，尤以浮雕"二龙戏珠"栏柱为最佳。宏佛塔是西夏时期一座地位极高的佛教寺院建筑。塔刹座下天宫槽内发现大批珍贵的西夏文物。这批珍贵文物有：较完整的佛头像十余尊，身座十座，身、背、腿、脚、耳数百件。这批造像的塑造技艺和彩绘装饰手法较为高超娴熟和考究，是由高级塑造工匠所为，其艺术魅力不但显示了"唐代造像遗风"，而且富有浓郁的地方民族风格，是我国最早发现的西夏造像艺术精品（图7-2-30）。

五、彩饰

木材作为中国传统建筑的主要结构用材，要求有较强的承载力和较好的耐久性，因此对木材表面进行保护是十分必要的。油漆与彩画是与这种要求相适应的装饰形式。

宁夏古建筑大多采用彩画来作为建筑装饰。永宁望远清真寺的礼拜大殿，纳家户清真寺礼拜大殿、邦克楼及南北厢房的彩画采用的是一般庙宇、宫殿的次要殿堂最多采用的旋子彩画，同时又融入了阿拉伯文字的变体纹样及转枝莲图案。彩画主要分布在梁枋及斗栱上，以青绿色为主，采用墨线小点金。斗栱彩画又依据位置、与重要程度的不同采用了不一样的处理手法，如纳家户清真寺、望远清真寺都用了旋子彩画，只是处理方法略有不同。纳家户清真寺枋心绘花卉，不采用龙锦图案，望远清真寺枋心除采用花卉外，还用了变体的阿拉伯文字，侧立面枋心则留白，不设任何纹饰的枋心成为空枋心，"空枋心"是官式文献记载的名称，行业中也称"普照乾坤枋心"。纳家户清真寺礼拜大殿的侧立面柱间枋心留白则更具特色，采用的是墨色一字枋心画法。墨色一字枋心画法是一字完全用黑色表现，一字的两端各画一个圆球形，球形直径与一字同宽，球形与一字拉开一定距离，中间用细线与一字相连通。一字的宽度约占到枋心宽度的四分之一到五分之一，一字形置于枋心的正中。四周留有相同宽度的缝路，这种画法多见于皇宫次要的宫门、皇宫内外祭祀祖先的宗庙、重要祭祀建筑的次要建筑、帝后陵寝的次要建筑等。清真寺中对旋子

图7-2-30 西夏宏佛塔泥雕

图7-2-31 纳家户清真寺礼拜大殿的旋子彩绘

花瓣的处理突破了程式画法，改为较生动活泼的图案，很具生活气息。在应用旋子彩画的同时，巧妙地在关键部位突出阿拉伯图案，例如望远清真寺拜殿檐柱的由额垫板的处理，由于小额枋尺度缩小，使垫板明显加宽，使大、小额枋及其上的旋子彩画均成陪衬，且在此醒目的浅蓝底色的由额垫板上，用金色书写了强劲的阿拉伯经文。纳家户清真寺大殿室内金柱之间的券门上，深蓝底面书写金色经文，这些匾额上庄严明亮的经文使大殿空间弥漫了浓重的宗教气氛，强烈地突出了清真寺的性格。宁夏回族建筑的梁柱不采用传统建筑的朱红或黑色，而是以穆斯林喜好的蓝（青）色、绿色为主（图7-2-31～图7-2-33）。

图7-2-32 纳家户清真寺礼拜大殿彩绘阿文图案

注释

① 宁夏通志编撰委员会.宁夏通志·文化卷[M].北京：方志出版社，2009：409.

② 戴志坚.传统建筑装饰解读[M].福州：福建科学技术出版社，2011：22-23.

③ 宁夏通志编撰委员会.宁夏通志·文化卷[M].北京：方志出版社，2009：411.

图7-2-33 望远清真寺礼拜大殿旋子彩绘

宁夏古建筑地点及年代索引

名称	类型	地点	建造年代（变化情况）	材料结构	规模	文保等级
固原古城	古城	固原市原州区	汉至清	砖石结构	占地面积约 257 万平方米	国家级
韦州古城	古城	吴忠市同心县韦州镇	西夏、明	夯土结构	占地面积约 17 万平方米	省级
黄铎堡古城	古城	固原黄花铎堡乡西南一里的黄铎堡村	宋、西夏	夯土结构	占地面积约 56 万平方米	省级
大营古城	古城	固原市原州区中河乡	宋至明	夯土结构	占地面积约 15 万平方米	国家级
瓦亭古城	古城	固原市泾源县大湾乡瓦亭村	北魏至宋	夯土结构	占地面积约 16 万平方米	省级
省嵬城	古城	石嘴山市惠农区庙台乡庙台村	西夏	夯土结构	占地面积约 36 万平方米	国家级
凤凰古城址	古城	中卫市海原县高崖乡草场村	宋	夯土结构	占地面积约 4 万平方米	省级
西安州古城	古城	中卫市海原县西安乡	西夏至明	夯土结构	占地面积约 96 万平方米	省级
柳州古城	古城	中卫市海原县城关乡扒子洼村	宋至明	夯土结构	占地面积约 15 万平方米	国家级
开城遗址	古城	固原市原州区开城镇开城村	元	夯土结构	占地面积约 923 万平方米	国家级
灵武城墙	古城	银川市灵武市西北	明	夯土砖石结构	城墙长约 385 米	县级
南长滩古村落	古村落	中卫市沙坡头区香山乡	不详	土木结构		省级
单家集古村落	古村落	固原市西吉县东南	不详	土木结构		
北长滩古村落	古村落	中卫市沙坡头区香山乡	不详	土木结构		
董府	府第	吴忠市利通区金积镇露天洼子村	清	木结构	占地面积约 15600 平方米	国家级
马月坡寨子	近现代重要史迹及代表性建筑	吴忠市利通区东塔乡	近现代	木结构	占地面积约 7250 平方米	省级
秦长城	古建筑	彭阳县、西吉县、原州区	春秋至明（战国）	夯土结构		国家级
汉长城	古建筑	中卫市	汉	夯土结构		
隋长城	古建筑	灵武、盐池	隋	夯土结构		
明长城	古建筑	中卫市城区，青铜峡市，石嘴山市大武口区、平罗县、惠农区	明	夯土结构		省级

续表

名称	类型	地点	建造年代（变化情况）	材料结构	规模	文保等级
镇北堡	堡寨	银川市西夏区镇北堡镇	明、清	夯土结构	占地面积约53500平方米	明堡为省级
红山堡	堡寨	银川市灵武市的临河镇	明	夯土结构	占地面积约15600平方米	
横城堡	堡寨	银川市灵武市临河镇横城村	明	夯土结构	占地面积约78400平方米	县级
洪岗子堡子	堡寨	中卫市同心县下流水乡洪岗子村	民国	夯土结构		
九彩坪堡	堡寨	中卫市海原县九彩乡	民国	夯土结构	占地面积约14400平方米	
王团北堡子	堡寨	中卫市同心县王团镇北村	民国	夯土结构	占地面积约2530平方米	
中卫高庙	寺庙	中卫市城区	清至民国	木结构	占地面积约16000平方米	国家级
北武当庙	寺庙	石嘴山市大武口区韭菜沟口	不详	木结构	占地面积约12000平方米	省级
马鞍山甘露寺	寺庙	银川河东机场东侧黄河东岸	不详	木结构	占地面积约20000平方米	
牛首山寺庙群	寺庙	宁夏吴忠市利通区西南约20公里的牛首山	明、清至民国	木结构		省级
滚钟口寺庙群	寺庙	银川市区西40多公里贺兰山东麓滚钟口	明、清	木结构		省级
地藏寺	寺庙	银川市兴庆区前进街	民国	木结构	占地面积约3344平方米	县级
银川玉皇阁	宫观	银川市兴庆区解放东街	清	木结构	占地面积约1040平方米	国家级
平罗玉皇阁	宫观	石嘴山市平罗县城北	清至民国	木结构	占地面积约34000平方米	国家级
灵武高庙	宫观	银川市灵武市高庙街	不详	木结构	占地面积约5000平方米	
雷祖庙	宫观	银川市永宁县李俊乡雷台村	清	木结构	占地面积约600平方米	县级
须弥山石窟	石窟寺及石刻	固原西北55公里寺口子河（古称石门水）北麓的山峰上	北朝—唐（北魏、北周）	石		国家级
石空寺石窟	石窟寺及石刻	中卫市中宁县余丁乡金沙	不详	石		省级
无量山石窟	石窟寺及石刻	固原市彭阳县古城镇田庄村北塬	宋	石		省级
灵应山石窟	石窟寺及石刻	吴忠市盐池县青山乡方山村	不详	石		县级

续表

名称	类型	地点	建造年代（变化情况）	材料结构	规模	文保等级
火石寨石窟	石窟寺及石刻	固原市西吉县火石寨乡	宋	石		省级
天都山石窟	石窟寺及石刻	中卫市海原县西安乡	宋、西夏	石		省级
石窑寺石窟	石窟寺及石刻	固原市隆德县何家山	宋	石		省级
海宝塔	古建筑及历史纪念建筑物	银川市兴庆区海宝路与民族北街交汇处西侧	清	砖石结构	塔高54米	国家级
拜寺口双塔	古建筑	银川市贺兰县洪广镇金山村贺兰山拜寺口	西夏	砖石结构	东塔高约39.15米，西塔高41米	国家级
一百零八塔	古建筑	青铜峡市青铜峡水库西岸崖壁	元	砖石结构		国家级
承天寺塔	古建筑	银川市兴庆区的承天寺内	清	砖石结构	塔高64.5米	国家级
鸣沙州塔	古建筑	中卫市中宁县鸣沙镇黄河古道东岸	明	砖石结构	塔高42米	国家级
镇河塔	古建筑	银川灵武市东南2.5公里处	清	砖石结构	塔高43.6米	省级
康济寺塔	古建筑	吴忠市同心县韦州镇南部	宋、明	砖石结构	塔高42.76米	国家级
宏佛塔	古建筑	银川市贺兰县潘昶乡王澄村	西夏	砖石结构	塔高28.34米	国家级
璎珞宝塔	古建筑	固原市彭阳县冯庄乡	明	砖石结构	塔高约20米	省级
多宝塔（李俊塔）	古建筑	银川市永宁县李俊镇金塔村	明	砖石结构	塔高31.52米	县级
田州塔	古建筑	石嘴山市平罗县姚伏镇	唐—清	砖石结构	塔高37.5米	国家级
华严塔	古建筑	中卫市中宁县恩和乡华寺村	清	砖石结构	塔高30米	省级
同心清真大寺	古建筑	吴忠市同心县城旧城北部的高地上	清	木结构	占地面积约2780平方米	国家级
纳家户清真寺	古建筑	银川市永宁县杨和镇纳家户村	清	木结构	占地面积约20010平方米	国家级
望远清真寺	近现代重要史迹及代表性建筑	银川市永宁县望远镇红旗村	清	木结构	建筑面积289平方米	县级
银川清真中寺	近现代重要史迹及代表性建筑	银川市兴庆区中寺巷	民国	木结构	占地面积约3600平方米	县级
王团南大寺	近现代重要史迹及代表性建筑	吴忠市利通区吴忠镇利通南街	清	木结构		县级
余羊清真寺	近现代重要史迹及代表性建筑	固原市泾源县白面镇余羊村	清	木结构	建筑面积约386平方米	县级

续表

名称	类型	地点	建造年代（变化情况）	材料结构	规模	文保等级
二十里铺拱北	近现代重要史迹及代表性建筑	固原市原州区开城镇二十里铺	清	木结构		省级
九彩坪拱北	古建筑	中卫市海原县九彩乡九彩坪村	清	木结构	占地面积约16600平方米	省级
马化龙拱北	近现代重要史迹及代表性建筑	吴忠市利通区东塔寺乡塔寺村	清	砖石结构	占地面积约20000平方米	省级
板桥道堂	近现代重要史迹及代表性建筑	吴忠市利通区板桥乡	清	砖石结构	占地面积约10000平方米	省级
九彩坪道堂	近现代重要史迹及代表性建筑	中卫市海原县九彩乡九彩坪村	清	木结构		省级
通贵门宦道堂	近现代重要史迹及代表性建筑	银川市郊通贵乡		砖石结构		
银川鼓楼	古建筑	银川市兴庆区解放东街	清	木结构	占地面积约576平方米	省级
平罗钟鼓楼	古建筑	石嘴山市平罗县城西	清（不定）	木结构	占地面积约169平方米	省级
中卫鼓楼	古建筑	中卫市城区	清	木结构	占地面积约372平方米	省级
银川南门楼	古建筑	银川市兴庆区中山南街	清至民国	木结构	占地面积约808平方米	省级
银川文昌阁	古建筑	银川市兴庆区中山公园内	清	木结构	占地面积约769平方米	县级
固原文澜阁	近现代重要史迹及代表性建筑	固原市原州区城关二小	清	木结构	占地面积约530平方米	省级
固原城隍庙	近现代重要史迹及代表性建筑	固原市原州区粮食局副食厂院内	明	木结构	建筑面积约470平方米	省级
固原财神楼	近现代重要史迹及代表性建筑	固原市原州区过店街	明	木结构	建筑面积约231平方米	省级
西夏陵	古墓葬	银川市西约30公里的贺兰山东麓	西夏	夯土结构	占地面积约5300万平方米	国家级
明王陵	古墓葬	吴忠市同心县韦州城西十余里的大螺山东麓	明	砖石结构	占地面积约1500平方米	省级
兵沟汉墓	古墓葬	银川市兴庆区月牙湖乡	汉	砖石结构	占地面积约6000平方米	省级
民国宁夏政府旧址	近现代重要史迹及代表性建筑	银川市兴庆区银川市兴庆区进宁北街西侧	民国	砖石结构	建筑面积约651平方米	省级

参考文献

[1] 李陇堂，徐娟，路明霞等.宁夏历史考古-宁夏人地关系的历史演变及其特征［J］．宁夏大学学报（自然科学版），2007．

[2] 宁夏回族自治区经济地图集编委会.宁夏回族自治区经济地图集［M］.西安：西安地图出版社，1998．

[3] 资治通鉴（卷二三二）.贞元三年六月条．

[4] 新唐书（卷一四四）.田神功传．

[5] 陈育宁.宁夏通史［M］．银川：宁夏人民出版社，2008．

[6] 陈育宁.宁夏通史·古代卷［M］．银川：宁夏人民出版社，1993．

[7] 张天路等.中国穆斯林人口［M］．银川：宁夏人民出版社，1991．

[8] （清）陕西通志.贾汉复修，王功成等纂，韩奕修纂．

[9] 多桑．多桑蒙古史.冯承钧译．上海：上海书店出版社，2001．

[10] 薛正昌.宁夏历史文化地理［M］．银川：宁夏人民出版社，2007．

[11] 李钰.陕甘宁生态脆弱地区乡村人居环境研究参考李钰博士论文［D］．西安建筑科技大学，2011．

[12] 中国文物地图集.宁夏回族自治区分册（国家文物局主办文物出版社）.2009．

[13] 杨满忠．党项民族对宁夏古代城池的开发与建设［J］．宁夏社会科学，2006．

[14] 米寿祺，黄自修，许汝通.海原县古城寨堡遗址考释［J］.固原师专学报，1990．

[15] 潘静．银川古城历史形态的演变特点及保护对策［D］．西安：西安建筑科技大学，2007．

[16] 许成，吴峰云.西安州古城址与天都山石窟［J］.固原师专学报（社会科学版），1984．

[17] 许成，吴锋云.韦州古城［J］.固原师专学报（社会科学版），1984．

[18] 马建军.丝绸之路"宁夏段"申报世界文化遗产预备点突出的普遍价值［J］．宁夏师范学院学报（社会科学），2010．

[19] 固原县志办公室．民国固原县志（上卷）之三·居民志［M］．银川：宁夏人民出版社，1991．

[20] 银川市志编纂委员会．银川市志．

[21] 汪一鸣．宁夏人地关系演化研究［M］．银川：宁夏人民出版社，2005．

[22] 王军．西北民居［M］．北京：中国建筑工业出版社，2010．

[23] 徐兴亚．西海固史［M］．兰州：甘肃人民出版社，2002．

[24] 陈莹．宁夏西海固地区传统地域建筑研究硕士论文［D］．西安：西安建筑科技大学，2009．

[25] 刘景纯.历史时期宁夏居住形式的演变及其与环境的关系［J］．西夏研究，2012．

[26] 王军.西北民居［M］.北京：中国建筑工业出版社，2009．

[27] 王凯.宁夏董府的建筑风格与空间形态研究［D］.西安：西安建筑科技大学，2008．

[28] 宁夏文物局，宁夏测绘局.宁夏明长城资源调查工作报告.2009．

[29] 华夏子．明长城考实［M］．北京：档案出版社，1988．

[30] 许成．宁夏史地丛书：宁夏古长城［M］．银川：宁夏人民出版，1988．

[31] 宁夏通志编纂委员会．宁夏通志·文化卷［M］．方志出版社，2009．

[32] 周佩妮．宁夏境内现存明长城构筑方法探析［J］．丝绸之路，2011．

[33] 马建军，周佩妮.宁夏境内现存古长城的构筑方式探述．

[34] 宁夏军事志编纂委员会．宁夏军事志（下）［M］．银川：宁夏人民出版社，2011．

[35] 谭立峰.河北传统堡寨聚落演进机制研究［D］．天津：天津大学博士论文，2007．

[36] 郑东军，张玉坤.河南地区传统聚落与堡寨建筑［J］．华中建筑，2005．

[37] 贾学锋．宁夏佛教历史钩沉［J］．宁夏大学学报

（人文社会科学版），2009．

[38] 赵延瑞．陕西通志［M］．西安：三秦出版社，2006：1932-1933．

[39] 清乾隆《宁夏府志》卷三《地理·山川》和卷二十一《艺文·诗》

[40] 贠有强．宁夏历史文化遗存和文物古迹［M］．银川：宁夏人民出版社，2008．

[41] 马立斯．中国古建筑文化之旅甘肃宁夏青海［M］．北京：知识产权出版社，2002．

[42] 宁夏回族自治区文物管理委员会，北京大学考古系．须弥山石窟内容总录［M］．北京：文物出版社，1997．

[43] 刘策．中国古塔［M］．银川：宁夏人民出版社，1981．

[44] 杨永生．古建筑旅游指南［M］．北京：中国建筑工业出版社，1986．

[45] 姜怀英．宁夏佛塔的形制和结构［M］．宁夏回族自治区文物管理委员会办公室．

[46] 雷润泽，于存海，何继英．中国古代建筑·西夏佛塔［M］．北京：文物出版社，1995．

[47] 王瑞．宏佛塔建筑成就及出土文物价值探论［J］．宁夏大学学报（人文社会科学版），2010．

[48] 宁夏文物普查领导小组．宁夏文物古迹．

[49] 邱玉兰，于振生．中国伊斯兰教建筑［M］．北京：中国建筑工业出版社，1992．

[50] 刘致平．中国伊斯兰教建筑［M］．北京：中国建筑工业出版社，2011．

[51] 燕宁娜，赵振炜．宁夏清真寺建筑研究［M］．银川：宁夏人民出版社，2014．

[52] 燕宁娜．传统建筑形式与宗教内涵的结合——析宁夏同心清真大寺建筑［J］．中外建筑，2006．

[53] 李卫东．宁夏回族建筑研究［D］．天津：天津大学博士论文，2009．

[54] 刘伟．宁夏回族建筑艺术［M］．银川：宁夏人民出版，2006．

[55] 洪梅香，刘伟．回族雕刻艺术［M］．银川：宁夏人民出版社，2008．

[56] 燕宁娜，王军．回汉融合视野下的拱北建筑群解析［J］．中国名城，2012．

[57] 孙俊萍．伊儒合璧的回族哲学思想［M］．银川：宁夏人民出版社，2008．

[58] 杨启辰，杨华．中国伊斯兰教的历史发展和现状［M］．银川：宁夏人民出版社，1999.5．

[59] 陈育宁，汤晓芳．回族古代宗教建筑的文化艺术特征［J］．西北民族研究，2007．21．

[60] 毕敏，冀开运．固原南古寺拱北的历史渊源及其功能分析［J］．商洛学院学报，2009．

[61] 郭黛姮．中国古代建筑史——宋、辽、金、西夏建筑（第三卷）［M］．北京：中国建筑工业出版社，2003．

[62] 薛正昌．明清时期固原的寺庙及其寺庙文化［J］．宁夏社会科学，1996．

[63] 唐栩．甘青地区传统建筑工艺特色初探［D］．天津：天津大学硕士论文，2004．

[64] 杨大为，李江．宁夏传统建筑的营造特征［J］．沈阳建筑大学学报（社会科学版），2007．

[65] 郎云鹏，盛海涛，李江．甘青传统屋顶探析［J］．华中建筑，2007．

[66] 尚洁．中国砖雕［M］．天津：百花文艺出版社，2008．

[67] 燕宁娜．宁夏清真寺建筑研究［M］．银川：宁夏人民出版社，2014．

[68] 薛正昌．宁夏砖雕与砖雕艺术［J］．西北民族第二学院学报（哲学社会科学版），2007．

[69] 隋建明，黄丽珉．甘肃临夏砖雕的艺术特色［J］．装饰，2003．

[70] 王晓东．宁夏平罗县玉皇阁［J］．文物世界，2007，9（4）：31-34．

[71] 刘致平．中国建筑类型及结构（第三版）［M］．北京：中国建筑工业出版社，2000．

[72] 中国建筑艺术全集编辑委员会［M］．中国建筑艺术全集16伊斯兰教建筑，2003．

[73] 戴志坚．传统建筑装饰解读［M］．福州：福建科学技术出版社，2011：9-12．

[74] 纳文汇，马兴东．云南回族文化史．昆明：云南民族出版社，2000．

后记

从2010年开始至今，历经六个寒暑，终于完成了本书的写作。对于宁夏古建筑的研究始于2001年，当时完成了《中国窑洞》一书的编写后，即着手对西北甘肃、宁夏地域的传统建筑进行调查，在调查中有幸结识了宁夏社会科学院的回族学者刘伟研究员，在他的帮助下对宁夏境内的古建筑、传统村落民居进行了较详细的调查，为其后的《西北民居》编写提供了详实的第一手资料。那时刘伟研究员曾与我协商共同编写一部较全面的宁夏传统建筑专著。继《西北民居》出版后，中国建筑工业出版社又组织编写"十二五"重大出版工程《中国古建筑丛书》时，对《宁夏古建筑》的编写就欣然领命。

促使这一任务承担的另一个因素，就是我的学生燕宁娜博士，她于2003年在西安建筑科技大学攻读建筑历史与理论硕士学位，师从刘临安教授。其硕士论文《宁夏清真寺建筑研究》从开始选题到论文撰写期间，一直深入宁夏各市县及周边省区展开了针对清真寺建筑的调研与测绘，她对专业的执着与刻苦严谨的治学态度，给我留下了深刻的印象。硕士毕业后在宁夏大学建筑与城市规划系任教，三年后又重返西安建筑科技大学，在我的研究所攻读建筑设计及其理论博士学位。博士研究方向依然确定在宁夏地域建筑与人居环境上，读博期间即获准国家自然科学基金一项，这些也为《宁夏古建筑》的编写提供了有利的契机。本书从初稿到定稿大部分是燕宁娜完成，编写中燕宁娜丈夫赵振炜高级工程师也参与到调研测绘中成为本书编委中的骨干力量。

对于宁夏古建筑的研究多年以来未成体系，历史上也从未出版过相关专著，多数研究成果仅限于老一辈古建筑、历史学、社会科学专家对宁夏地区少量著名古建筑的论述。因此，《宁夏古建筑》书稿的编写几乎是零起点的创新工作，写作过程，古建测绘与图像摄制困难重重。写作之初，编者们希望能全面展示宁夏回族自治区古代建筑博大精深之处，但由于编著水平、可以参考的文献资料稀缺，难免挂一漏万，许多实例照片拍摄质量欠佳，也是本书之缺憾。

承蒙宁夏回族自治区文物局与省住房和城乡建设厅的大力支持，又有第三次文物普查资料和宁夏古城镇（村）普查资料做支撑，该书前期初稿完成得还算比较顺利。待到后期书稿深入，图文对照时方感困难重重，许多重要的古建筑实例资料缺失未能收录。一些重要的古建筑、古遗址、石窟寺等，既是历史又是文化，本应收入书中，但由于时间、篇幅及编写水平所限未能纳入。例如，古遗址有：水洞沟遗址、灵武窑址、鸽子山遗址、张家场城址、兴武营城址、页河子遗址、七营北嘴城址；古墓葬有：窨子梁唐墓、固原北朝隋唐墓地等，都具有重要的史料价值。由于古代宁夏的边疆地理位置，境内一直是历代各民族迁徙聚居和征战场所，故自秦汉以来各种城堡遗址星罗棋布，遗址现状大都清晰可辨，其中尚有保存较为完整者。这些未收录的建筑文化遗存将在后续的研究专著中为读者展示。

在本书编写中参考了众多书籍与研究生论文，也得到许多单位与热心人士的支持帮助。照片除署名者外，全部为著者及本书编委会成员拍摄。

本书的调研、编写历时六年，在这一过程中，

西安建筑科技大学、宁夏大学、宁夏社会科学院、宁夏回族自治区文物局、文物管理办公室、文物保护中心、自治区图书馆、自治区博物馆、固原市博物馆、固原市文物局、固原市住房与城乡建设局、吴忠市文物局、彭阳县文物局等各县文物部门、城建部门，以及国家自然基金委员会、宁夏科技厅等有关部门都给予了热情支持，在此向他们表示衷心的感谢。参加本书资料与测绘图整理工作的除了本书编委外，还有我的硕士生拓晓龙同学，以及燕宁娜博士的学生宁夏大学建筑学、城市规划专业本科生，在此一并表示衷心的感谢。

感谢古建筑专家刘临安教授对本书的认真审阅。

感谢国家自然科学基金项目的资助。

感谢为本书付梓花费心血的李东禧主任、唐旭主任、吴绫编辑、杨晓编辑。

感谢那些曾经为本书提供资料的单位和个人。

感谢十二五国家重大出版工程《中国古建筑丛书》总编委对作者的信任和包容。

王军
2015年11月于西安

作者简介

王军，男，1951年出生，汉族。现任西安建筑科技大学建筑与环境研究所所长、教授、博士生导师。近年来担任中国民族建筑研究会民居建筑专业委员会副主任委员、中国建筑学会生土建筑分会副理事长、住房与城乡建设部传统村落保护专家委员会副主任委员等社会职务。

长期以来从事地域文化与乡土建筑研究，在黄土高原、青藏高原人居环境研究领域获多项成果。近十年来主持完成了国家自然科学基金面上项目三项、"十一五"国家科技支撑计划课题两项、"十二五"国家科技支撑计划课题一项以及多项研究课题。2014年获青海省优秀工程设计一等奖。

结合科研课题项目，先后发表相关学术论文36篇，出版《中国窑洞》、《西北民居》等学术专著，承担"十二五"国家重点出版计划图书《西北生态环境与乡土建筑系列丛书》共5卷主编。近年来指导的本科生、硕士生多次获得国内外设计竞赛奖项。2009年获宝钢教育基金优秀教师奖。2011年评为陕西省高等学校优秀共产党员。2012年评为陕西省师德先进个人。2013年获陕西省优秀博士论文指导教师奖。

燕宁娜，1974年生，博士，教授，硕士生导师。现任宁夏大学建筑与城市规划系主任，宁夏大学品牌教师。2006年毕业于西安建筑科技大学建筑历史与理论专业获工学硕士学位，2007年7月国家留学基金委公派赴英国南安普顿研修。2015年毕业于西安建筑科技大学建筑设计及其理论专业获工学博士学位。近年来担任中国建筑学会生土建筑分会理事，中国民族建筑研究会民居建筑专业委员会委员，宁夏传统民居保护专家委员会委员，《宁夏工程技术》期刊编委，宁夏回族自治区建设工程评标专家。近年来主要从事地域文化与乡土建筑方面的研究。主持国家自然科学基金项目一项，省级科技支撑计划项目一项，出版专著《宁夏清真寺建筑研究》、《宁夏西海固回族聚落营建及发展策略研究》，公开发表学术论文30余篇。

刘伟，男，回族，宁夏海原人，1964年，研究员，中央民族大学历史系，宁夏社会科学院工作。中国民主同盟宁夏委员、中国食文化研究会会员、中国民族医药回医研究会常务理事、宁夏回族研究会理事。现从事回族地方史、回族建筑和回族文化遗产方面的研究。发表《西部回族古建筑文化与保护开发利用》等学术论文四十余篇。出版《宁夏回族历史与文化》《回族雕刻艺术》《宁夏回族建筑艺术》、《宁夏清真寺概览》、《宁夏回商》等个人学术著作十余部。主持国家社会科学基金研究课题多项，主持中宣传部《弘扬和保护回族优秀传统文化》等课题。近期主持完成了国家发改委西部重点研究项目《宁夏回族建筑特色及其保护与建设前期研究》。策划拍摄多部影视人类学纪录片，多次参加国际学术研讨会，出访美国、中亚等国。